O futuro da Inteligência

Miguel Lannes Fernandes

O futuro da Inteligência

Coletânea dos artigos mais lidos do autor na revista EXAME

exame. | SaintPaul

BRASPORT

Rio de Janeiro

2025

Editor: Antonio Muniz

Produção Editorial: Marina Oliveira

Editoração Eletrônica: Rinaldo Mickus e Gleyce Roberta

Capa: Rinaldo Mickus

Dados Internacionais de Catalogação na Publicação (CIP)
(Câmara Brasileira do Livro, SP, Brasil)

Fernandes, Miguel Lannes
O futuro da inteligência / Miguel Lannes
Fernandes. -- 1. ed. -- Rio de Janeiro : Brasport Livros e Multimídia, 2025. -- (Coletânea dos artigos mais lidos do autor na revista EXAME)Bibliografia.

ISBN 978-65-6096-071-8

1. Artigos - Coletâneas 2. Inteligência
artificial - Inovações tecnológicas 3. Tecnologia I. Título. II. Série.

25-281925 CDD-080

Índices para catálogo sistemático:

1. Artigos : Coletâneas 080

Aline Graziele Benitez - Bibliotecária - CRB-1/3129

BRASPORT Livros e Multimídia Ltda.
Rua Sete de Setembro, 48, 3º andar, loja 301
Centro, Rio de Janeiro, RJ, CEP 20050-009
Tel./Fax: (21)2568.1415
e-mails: administrativo@brasport.com.br
vendas@brasport.com.br
editorial@brasport.com.br
www.brasport.com.br

FSC
www.fsc.org
MISTO
Papel | Apoiando o manejo florestal responsável
FSC® C111076

Agradecimentos

Este livro nasceu de um diálogo que se desenrola todos os dias, entre pixels e páginas, vozes e silêncios, e nenhuma dessas conversas seria possível sem as pessoas que me acompanham.

Ao meu filho, farol incansável que ilumina cada linha que escrevo e me lembra, diariamente, por que vale a pena imaginar futuros mais humanos.

À minha mãe, pela ternura inabalável que foi abrigo e bússola, ao meu pai, que me apresentou aos mistérios de parafusos, placas-mãe e cabos *flat*, transformando a curiosidade infantil em vocação, e ao meu avô, meu primeiro parceiro de jogos *on-line*, que provou que nenhum avatar é velho demais para aprender (e vencer, sempre com muita sorte!). Aos meus irmãos, companheiros de aventuras, risos e segredos.

Às minhas tias, em especial Debbie, Cris e Laura, que desde cedo me ensinaram a amar histórias e poesia e a cultivar um olhar crítico, provas vivas de que a melhor educação cabe num colo e num bom livro.

Aos amigos Fernando Bastos, companheiro de longas discussões filosóficas sobre arte, algoritmos e tudo o que cabe entre eles, e Matias Jacobs, cuja espiritualidade insiste que a técnica precisa de transcendência para fazer sentido. Lucas Domso, parceiro lisboeta que me lembra, dia após dia, que sem criatividade não há IA possível; e Gustavo Massena, advogado que injeta a dose necessária de realismo no meio do *hype* tecnológico. Obrigado por sustentarem a alma deste projeto.

Ao meu sócio e parceiro de empreitadas, Bruno Leonardo, com quem partilho a certeza de que a educação é a verdadeira tecnologia exponencial.

Aos colegas de EXAME, em especial André Lopes, Lucas Amorim, Rafael Davini, Leonardo Cirino, Pedro Valente e Renato Mimica, pelos anos de convivência, projetos impossíveis e risadas necessárias. Obrigado por lapidar ideias e desafiar limites comigo.

Eu precisaria de um livro inteiro só para listar todos os nomes que merecem menção, por isso deixo um abraço coletivo a cada aluno, cliente e parceiro de jornada, e um agradecimento especial aos centenas de milhares de seguidores que, diariamente, trocam conhecimento, dúvidas e esperança comigo nas redes. Vocês transformam monólogos em comunidades.

Que este trabalho devolva, em parte, a inspiração, a paciência e o afeto que recebi de cada um.

Sobre o autor

Miguel Lannes Fernandes é engenheiro de computação pela Universidade Federal do Rio de Janeiro (UFRJ) e especialista em Sociologia, Política e Cultura pela PUC-Rio. Iniciou a carreira no mercado financeiro, trabalhando ao lado de Armínio Fraga, ex-presidente do Banco Central do Brasil, e, depois, no J.P. Morgan em Nova York.

Empreendedor, fundou e vendeu quatro *startups*; a mais recente, Witseed, foi adquirida pelo BTG Pactual e transformada em EXAME Corporate, braço de educação corporativa da EXAME. Foi o primeiro *Chief Artificial Intelligence Officer do Brasil* e, na própria EXAME, idealizou e coordena o primeiro MBA em Inteligência Artificial para Negócios do país (EXAME | Saint Paul), programa que já formou dezenas de milhares de profissionais.

Inventor, professor e pesquisador na interseção entre tecnologia, estratégia corporativa e comportamento humano, Miguel assina reportagens e artigos que tornam a IA compreensível para públicos diversos. Como palestrante internacional e conselheiro de empresas, atua em diversos mercados, como Brasil, Índia, Portugal, Reino Unido, Alemanha, África do Sul, Estados Unidos e Emirados Árabes Unidos, ajudando líderes a incorporar a inteligência artificial com ética e impacto.

Carioca de nascimento e lisboeta por escolha, equilibra a rotina executiva com a paternidade, a leitura voraz de livros de papel e o hábito diário de contemplar o pôr do sol e a natureza, ritual que considera fundamental para manter a sanidade, a criatividade e o sentido de propósito.

Prefácio

Se olharmos para os nossos tempos modernos, nunca se viu uma aceleração tão exponencial de uma única tecnologia: inteligência artificial generativa (IA Gen). Todos afirmam que estamos à beira de uma revolução impulsionada pela IA, que transformará a sociedade como conhecemos. Afinal, como você está se preparando, na vida pessoal e na sua empresa, para equilibrar as forças humanas, como o senso comum, com as capacidades da IA em áreas críticas de criação de conteúdo, tomada de decisão e aceleração estratégica de negócios, minimizando riscos?

As projeções avançam em ritmo acelerado, revelando um futuro em que a IA redefine nossas interações diárias. Tudo isso impulsionado pela forma simples e massificada com que o ChatGPT, da OpenAI, chegou ao mundo em 30 de novembro de 2022. Em menos de três meses alcançou 100 milhões de usuários – como base de comparação, a Netflix atingiu esse mesmo número em dez anos e o Instagram em dois anos e meio.

Com a inteligência artificial permeando todos os aspectos da vida humana, testemunho diariamente sua influência positiva em minhas atividades profissionais. A empolgação de explorar esse universo em constante evolução é palpável, mesmo reconhecendo que estamos apenas arranhando a superfície do possível.

A Assembleia Geral da ONU enfatizou a necessidade de sistemas de IA "seguros, protegidos e confiáveis", defendendo governança que proteja os direitos humanos. Não devemos temer a tecnologia, mas, sim, buscar informações confiáveis e nos familiarizar com terminologias como LLM, RAG e orquestração de multiagentes.

Como toda tecnologia massificada, a IA traz riscos – deep fakes, clones digitais, vozes sintetizadas – e exige medidas regulatórias robustas. Todos os dias, em alguma empresa do planeta, nasce uma nova área de *Shadow AI*, termo que se refere a sistemas de inteligência artificial desenvolvidos e operados de forma independente, sem supervisão humana ou com baixa governança tecnológica. Estamos vivendo uma dicotomia corporativa: incentivar soluções rápidas via IA enquanto garantimos confiabilidade através de governança de dados. As organizações devem estabelecer princípios claros sobre como aplicam a IA generativa e criar mecanismos de proteção para garantir a sua implementação segura, equilibrando inovação com ética, e isso requer monitoramento contínuo e transparência.

Em minhas mãos, tenho o privilégio de apresentar uma obra que transcende o simples relato tecnológico. Miguel Lannes Fernandes oferece um mapa navegacional para o futuro que já chegou – um guia essencial que não apenas informa, mas provoca e inspira, preparando-nos para moldar ativamente este futuro em vez de sermos passivamente moldados por ele.

Ao longo de 23 capítulos meticulosamente selecionados dos seus melhores artigos publicados, Miguel nos conduz por uma narrativa que entrelaça histórias com análises profundas sobre o impacto da inteligência artificial em nossa sociedade. Cada página revela um novo ângulo dessa inovação tecnológica que estamos vivendo. É essa paixão pelo potencial da IA generativa que me motiva a compartilhar este livro, esperando que ele inspire outros a embarcarem nesta jornada de descobertas.

Uma ótima leitura!

Taiolor Delgado de Morais

Diretor de Operações e Tecnologia da Youse Seguros

O papel humano

Em um mundo moldado pela inteligência artificial, surge uma pergunta essencial: o que fazemos enquanto máquinas aprendem, criam e tomam decisões? Este livro não é apenas uma coletânea dos artigos mais influentes de Miguel Fernandes na revista EXAME, mas uma bússola para entender como a tecnologia está redefinindo nossa sociedade e nossa participação no futuro.

A história da humanidade sempre foi guiada pela inteligência. Do fogo aos computadores, a forma como pensamos e processamos informações determinou nosso destino. Agora, pela primeira vez, não estamos apenas criando ferramentas – estamos desenvolvendo sistemas que também "pensam".

A promessa da inteligência artificial lembra os grandes avanços do passado: assim como a prensa de Gutenberg democratizou o conhecimento, a IA promete expandir o acesso à informação e automatizar tarefas repetitivas, liberando o ser humano para focar na criatividade e na inovação. Mas, como toda revolução, essa transformação traz desafios profundos.

Há um conceito fascinante na física chamado "convergência temporal" – o momento em que eventos desconectados começam a se alinhar para criar algo novo. Estamos vivendo exatamente isso. Inteligência artificial, computação quântica, *blockchain* e biotecnologia estão convergindo para transformar radicalmente a sociedade. O que parecia distante já está aqui.

É nesse cenário que a escrita de Miguel Fernandes se destaca. Como *Chief of Intelligence Officer* da EXAME, ele não apenas observa essa transformação – ele acompanha de perto os líderes e as empresas que estão moldando esse futuro. Mais do que um observador analítico, é um contador de histórias, capaz de traduzir temas complexos de forma clara e envolvente.

Ao abrir este livro, você não encontrará apenas previsões sobre o que está por vir. Encontrará histórias concretas de como a IA já está impactando carreiras, indústrias e relações humanas. Encontrará reflexões sobre os impactos invisíveis da tecnologia e os dilemas que ainda não sabemos como resolver. Mas, acima de tudo, encontrará um convite à descoberta.

Porque o verdadeiro futuro da inteligência não está apenas nas máquinas que criamos, mas na forma como escolhemos usá-las – e em como faremos desse processo mais um passo rumo ao futuro da inteligência.

Boa leitura!

André Lopes

Repórter da EXAME desde 2021, atualmente coordena a iniciativa de IA da revista.

Abertura

Querido leitor e querida leitora,

Bem-vindos a esta jornada! Aqui reuni meus artigos mais lidos sobre inteligência artificial, escritos para a revista EXAME. Antes de começarmos, preciso agradecer aos mais de 10 mil alunos que compartilharam comigo suas dúvidas, ideias e descobertas sobre IA. A cada palestra, a cada aula, vocês me ajudaram a enxergar novos ângulos e possibilidades dessa tecnologia revolucionária. Aos meus colegas da EXAME, gratidão pela parceria e confiança em divulgar essas reflexões.

E um agradecimento especial ao meu filho, que, com sua curiosidade natural e imaginação sem limites, me inspira diariamente a explorar a IA de formas que eu jamais havia pensado. É através dos seus olhos que vejo o futuro dessa tecnologia se desdobrando de maneiras surpreendentes.

Ao longo destas páginas, compartilho com vocês as histórias mais fascinantes que tive o privilégio de contar – desde a surpreendente transformação de Mark Zuckerberg, que acompanhei de perto em sua metamorfose de programador introvertido a visionário do metaverso, até os pequenos empreendedores brasileiros que estão revolucionando seus negócios com IA.

Vocês encontrarão desde reflexões sobre como usei a IA em minha própria escrita (e quase perdi minha imaginação no processo!) até análises sobre os movimentos cautelosos da Apple no mundo da inteligência artificial. Conhecerão personagens inesquecíveis como Seu João, que revolucionou seu restaurante com tecnologia brasileira, e mergulharão comigo em questões cruciais sobre desigualdade, produtividade e o futuro do trabalho.

Das ruas de São José dos Campos aos corredores do Vale do Silício, convido vocês a explorarem comigo as transformações, os desafios e as oportunidades que a IA está trazendo para nossas vidas. Este livro é fruto das minhas observações, experiências e reflexões mais populares sobre como essa tecnologia está remodelando nossa sociedade.

Vamos juntos nessa aventura?

Miguel Lannes Fernandes

Sumário

Olá, caros leitores! Preparem-se para uma viagem emocionante ao mundo da tecnologia, onde a IA e a blockchain dançam um tango tecnológico. Imaginem só: a IA, nossa querida amiga digital, está resolvendo problemas como se fosse uma fada madrinha high-tech, mas também está criando confusões dignas de um reality show. As deepfakes, por exemplo, são como aquele tio que conta histórias mirabolantes no churrasco de família – você não sabe se acredita ou não. Mas não temam! A blockchain chega como um super-herói com capa de criptografia, prometendo salvar o dia com seu "cartório digital" inviolável. Ela não só protege nossas preciosas informações, como permite que fotógrafos sejam recompensados quando uma IA usar suas fotos para criar arte – é como receber royalties por inspirar um robô! No final das contas, essa dupla dinâmica promete transformar o futuro da tecnologia, tornando-a mais segura, transparente e, quem sabe, até mais lucrativa para nós, meros mortais.

1. *Blockchain* será a próxima 'corrida de ouro' depois da IA

A massificação da Inteligência Artificial (IA) tem resolvido muitos problemas, mas também criado outros que nem sequer imaginávamos. O principal desafio está relacionado à segurança das informações geradas. As *deepfakes*, por exemplo, permitem criar imagens e vídeos tão reais quanto os capturados por uma câmera, o que pode ser usado para fraudes e manipulações, especialmente em momentos de eleições.

Ingenuidade seria achar que leis e regulamentações resolverão esse problema. Os códigos que permitem criar essas imagens e vídeos falsos já estão disponíveis na internet, ao alcance de qualquer desenvolvedor mal-intencionado. Então, qual seria a solução?

Selo digital de autenticidade

A *blockchain* surge como uma solução potencial para garantir a segurança e a confiabilidade das aplicações de IA. Ela funciona como um selo digital, registrando assinaturas em um "cartório digital" descentralizado e imutável. Assim, cada pessoa pode ter seu próprio selo na *blockchain* e autenticar de forma segura e transparente imagens, vídeos, documentos e textos.

Bases de dados compartilhadas

A *blockchain* pode adicionar camadas de segurança, transparência e eficiência aos sistemas de IA. Ela permite rastrear e verificar todas as transações e decisões tomadas por esses sistemas, aumentando a confiança dos usuários. Também facilita o compartilhamento seguro de dados entre diferentes entidades e sistemas de IA, promovendo um ecossistema colaborativo.

Monetização dos "treinadores" de IA

Outra vantagem impressionante é a possibilidade de monetização de dados e modelos de IA utilizando contratos inteligentes. Imagine que uma IA gere uma imagem inspirada em milhões de fotos tiradas por fotógrafos humanos. Com a *blockchain*, esses fotógrafos podem ser remunerados instantaneamente, de forma proporcional à influência de suas fotos na criação da nova imagem.

Explicabilidade da IA

Por fim, a *blockchain* pode possibilitar que agentes de IA operem de forma mais autônoma, tomando decisões rastreáveis sem necessidade de intervenção humana direta. Isso é especialmente útil em aplicações como cadeias de suprimento, finanças e seguros.

Enquanto a IA entra numa etapa de consolidação e massificação, trazendo novos problemas, a *blockchain* surge como uma solução potencial para garantir a segurança e a confiabilidade dessas aplicações. É uma parceria que promete transformar o futuro da tecnologia nos próximos anos.

Ei, pessoal! Imaginem só: eu, um nerd de moletom cinza, transformando-me num guru tech carismático e dominando o mundo digital. Parece loucura, né? Mas é exatamente o que aconteceu com Mark Zuckerberg. Do Facebook ao Meta, passando por aquisições bilionárias e um momento "protetor solar" constrangedor, nosso querido Zuck evoluiu de um programador introvertido para um visionário da IA. Com o LLaMA 3.1, ele quer criar o "sistema operacional da IA", provando que sua metamorfose não é apenas de imagem, mas de ambição. E o melhor? Agora ele até posta selfies geradas por IA e pede opinião sobre seu guarda-roupa virtual. Quem diria que aquele garoto de Harvard chegaria tão longe? Bem-vindos ao futuro, senhoras e senhores – um futuro claramente moldado à la Zuckerberg.

2. A metamorfose de Zuckerberg para dominar o mundo

A jornada de Mark Zuckerberg e Meta, desde o nascimento do Facebook até a criação do maior modelo de IA Open Source, revela uma transformação estratégica e pessoal para dominar o futuro da tecnologia.

2004-2012: o nascimento de um gigante

Em 04 de fevereiro de 2004, Mark Zuckerberg, junto com seus colegas de quarto na Universidade de Harvard, lançou "The Facebook". Começou como uma rede social exclusiva para estudantes universitários e rapidamente se transformou em um fenômeno global. Nesses primeiros anos, a imagem de Zuckerberg era a de um jovem programador introvertido, frequentemente visto com seu icônico moletom cinza.

A filosofia de "agir rápido e quebrar coisas" impulsionou o crescimento exponencial da plataforma, que atingiu 1 milhão de usuários em setembro de 2004 e chegou a 1 bilhão em 2012.

A influência de Peter Thiel e a cultura do Facebook

Peter Thiel, cofundador do PayPal e um dos primeiros investidores do Facebook, teve uma influência significativa na empresa. Thiel admirava Zuckerberg por sua indiferença e atitude rebelde, características que ele via como marcas de intelecto. Como membro influente do conselho do Facebook, Thiel inspirou Zuckerberg com suas táticas não convencionais, que foram posteriormente aplicadas na gestão interna da empresa.

2012-2014: a era das aquisições estratégicas

À medida que o Facebook crescia, Zuckerberg demonstrava uma visão que ia além de uma simples rede social:

- 2012: compra do Instagram por US$ 1 bilhão.
- 2014: aquisição do WhatsApp por US$ 19 bilhões.
- 2014: compra da Oculus VR por US$ 2 bilhões.

Essas aquisições estratégicas permitiram à Meta construir um ecossistema abrangente que abarca bilhões de usuários em todo o mundo, consolidando seu domínio no setor de tecnologia e mídia social.

2020: o ponto de virada na imagem de Zuckerberg

Um momento crucial na transformação da imagem de Zuckerberg ocorreu em 2020, com o famoso "incidente do protetor solar", quando fotos dele surfando no Havaí com o rosto coberto de protetor solar viralizaram. Este momento, inicialmente embaraçoso, tornou-se um catalisador para uma mudança mais profunda. Zuckerberg começou a se apresentar de forma mais descontraída e acessível, compartilhando vídeos de si mesmo praticando esportes, cozinhando e interagindo com sua família.

2021: o nascimento da Meta

Em outubro de 2021, Zuckerberg anunciou a mudança de nome da empresa para Meta, uma declaração audaciosa de suas ambições futuras. Esta transformação não foi apenas corporativa, mas refletiu a evolução pessoal de Zuckerberg e a visão da empresa de criar um "metaverso" – uma rede de mundos virtuais tridimensionais focados na conexão social.

2021-2024: diversificação e inovação contínua

A Meta continuou a expandir e inovar:

- 2021: lançamento dos óculos inteligentes Ray-Ban Stories.
- 2023: introdução do Threads.
- 2024: lançamento do LLaMA 3.1.

O LLaMA como o "sistema operacional da IA"

O LLaMA tem o potencial de se tornar o "sistema operacional da IA", dominando o campo assim como o Linux domina a infraestrutura da internet. A Meta está trabalhando com empresas como Amazon, Databricks e Nvidia para criar um ecossistema robusto em torno do LLaMA, facilitando sua adoção e personalização por desenvolvedores e empresas.

O novo Zuckerberg: de programador a visionário carismático

A transformação de Zuckerberg de programador introvertido para líder visionário da indústria tecnológica é notável. Sua nova imagem foi evidenciada durante o lançamento do LLaMA 3.1, onde ele postou imagens geradas por IA de si mesmo em várias roupas diferentes e pediu ao público para votar em suas favoritas.

A jornada de Zuckerberg e da Meta é um testemunho da natureza dinâmica do setor tecnológico. De uma rede social universitária a um conglomerado tecnológico diversificado, a empresa - e seu fundador - continuam a moldar o futuro da interação digital.

O sucesso futuro da Meta dependerá de sua capacidade de converter os investimentos em IA e metaverso em crescimento sustentável e inovação significativa, enquanto navega pelos desafios éticos e regulatórios que acompanham seu crescente poder e sua influência.

Imaginem só: eu, um mero mortal, conversando com um vice-presidente da Microsoft sobre o futuro da IA. Senti-me como um terráqueo discutindo tecnologia com E.T.! Clayton pintou um quadro onde todos teremos nossos próprios "copilotos" de IA, como se fôssemos Tony Stark com nosso próprio J.A.R.V.I.S. Aparentemente, esses assistentes digitais nos farão tão produtivos que poderemos finalmente terminar aquela série na Netflix sem culpa. O mais incrível? Eles prometem curar até mesmo o temido "mal da página em branco". Quem sabe, em breve, até este resumo poderia ter sido escrito por um Copilot – mas aí onde estaria a graça?

3. O futuro da produtividade pessoal na visão da Microsoft

Recentemente, tive a oportunidade de conversar com Steve Clayton, vice-presidente de estratégia de comunicações da Microsoft, na sede da empresa em São Paulo. O encontro proporcionou *insights* valiosos sobre a visão da gigante de tecnologia para o futuro da inteligência artificial e seu impacto na produtividade pessoal.

A revolução dos assistentes de IA

Clayton iniciou sua apresentação com uma analogia impactante: "pensem na chegada do ChatGPT como a chegada de uma espécie alienígena". Essa comparação ilustra perfeitamente o impacto disruptivo que a IA generativa está tendo em nossa indústria.

A Microsoft está desenvolvendo o que chamam de "copilotos" – assistentes de IA personalizados que trabalharão lado a lado com profissionais. Assim como os PCs se tornaram uma extensão de nossas capacidades mentais, esses copilotos prometem amplificar nossa criatividade e produtividade de maneiras que apenas começamos a imaginar.

O impacto do Copilot

Os dados apresentados por Clayton são impressionantes:

- 86% dos usuários do Copilot dizem que se tornaram mais produtivos.
- 81% afirmam que o Copilot os ajuda a completar tarefas mais rapidamente.
- 89% relatam que o Copilot ajuda a iniciar o processo criativo.
- 78% acreditam que o Copilot melhora a qualidade de seu trabalho.
- 70% dizem que o Copilot reduz o tempo gasto em tarefas que não gostam.

Formando o hábito da IA

Clayton enfatizou a importância de formar um "hábito de IA". Um estudo mostra que leva cerca de 11 semanas de uso consistente para realmente começar a sentir os benefícios do Copilot (MICROSOFT, 2023). Após esse período, os usuários economizam em média 11 minutos por dia – um ganho significativo de produtividade.

Superando o medo da página em branco

Um *insight* particularmente interessante foi sobre como a IA pode ajudar a superar o "medo da página em branco". O Copilot pode gerar um primeiro rascunho, fornecendo um ponto de partida que elimina a ansiedade de começar do zero.

Aplicações práticas

Clayton demonstrou como o Copilot pode ser usado para uma variedade de tarefas, incluindo:

1. Criar rapidamente *drafts* de comunicados de imprensa.
2. Gerar ideias para *posts* em redes sociais.
3. Analisar sentimento de textos.
4. Preparar executivos para entrevistas com a mídia.
5. Resumir longos documentos ou transcrições de reuniões.

O futuro é pessoal

Assim como a Microsoft previu corretamente que os computadores se tornariam pessoais, agora eles estão apostando que a IA seguirá o mesmo caminho. Clayton sugeriu que, em breve, cada profissional terá seu próprio assistente de IA personalizado, tão indispensável quanto nossos *smartphones* são hoje.

Conclusão

A visão da Microsoft para o futuro da produtividade pessoal é ousada e empolgante. Como Clayton colocou: "não é uma questão de se sua empresa vai adotar essas tecnologias, mas quando e como". O futuro da produtividade é pessoal, é inteligente, e está chegando mais rápido do que imaginamos.

Oi, pessoal! Imaginem só: eu, um escritor de mão cheia, descobri que a IA pode me ajudar a escrever mais rápido. Ótimo, não é? Bom, não tão rápido. Enquanto eu curtia a eficiência de ter textos prontos em minutos, percebi que minha querida imaginação estava ficando preguiçosa. Antes eu era um Indiana Jones das palavras, explorando livros e ideias. Agora, com a IA, virei um burocrata do teclado. Decidi então fazer um malabarismo: usar a IA como assistente em alguns textos e, em outros, exercitar meus neurônios escrevendo do zero. É uma luta diária contra a tentação da facilidade, mas ei, alguém precisa manter a criatividade humana viva nesse mundo de robôs escritores, certo?

4. Usei IA para escrever mais rápido, mas me custou a imaginação

Quero compartilhar uma reflexão pessoal sobre como a inteligência artificial (IA) tem transformado drasticamente meu processo de escrita - e nem sempre para melhor.

Lembro da época em que escrever um texto era uma jornada épica. Mergulhava em livros, sublinhava trechos, fazia anotações nas margens. Cada livro lido era uma conquista. As pausas para reflexão traziam *insights* pessoais. Depois vinha a fase de digitar as anotações, organizar, conectar, lapidando cada frase e parágrafo. O resultado final era fruto de muito esforço, mas também de uma grande satisfação.

Ineficiência criativa

Hoje, com ferramentas de IA, consigo produzir textos em uma fração desse tempo. Mando transcrições e referências para o modelo de linguagem e em poucos minutos tenho um artigo pronto, que com uma rápida revisão já está no ponto de publicar. A eficiência é impressionante, mas algo se perdeu nesse processo. Aquela angústia criativa de buscar conexões, desenvolver cada ideia... aquilo construía o próprio pensamento e aprendizado. Sinto falta desse prazer proveniente da escrita, que surgia justamente do esforço envolvido.

O segredo é o equilíbrio

Venho tentando dosar. Para alguns textos mais pessoais e reflexivos, como este, opto por escrever do zero, apenas com minha imaginação. É um exercício para não atrofiar. Em outros, uso a IA mais como assistente de revisão e formatação. É um equilíbrio difícil. Muitas vezes a facilidade da IA é tentadora demais. Mas não podemos nos tornar preguiçosos mentalmente. Delegar demais nosso processo de pensar e criar tem um custo alto. Os textos podem ficar todos muito parecidos e medianos, perdendo aquele toque humano único.

A luta pela originalidade

Em suma, a introdução da IA no processo de escrita trouxe ganhos significativos de eficiência, mas também ameaça uma parte essencial da criação: o esforço cognitivo de elaborar ideias, fazer conexões inesperadas e imprimir um estilo único. Ao delegar demais à máquina, corremos o risco de deteriorar nossa imaginação e produzir conteúdos padronizados. A lição é buscar um equilíbrio consciente, usando a IA como ferramenta auxiliar, mas preservando espaço para o exercício criativo humano.

Fica a reflexão: em um mundo onde cada vez mais tarefas cognitivas são automatizadas, como cultivar diferenciais humanos valiosos como originalidade, pensamento crítico e capacidade de surpreender e emocionar por meio das ideias que criamos e compartilhamos?

Parece que o ChatGPT está tendo um momento "cérebro de minhoca", mas calma lá! Antes de declararmos o apocalipse da IA, vamos esclarecer algumas coisas. Primeiro, pedir para um modelo de linguagem fazer contas é como esperar que eu, um escritor, faça malabarismo com motosserras – não é exatamente minha praia. A OpenAI jura de pé junto que não está deixando o ChatGPT mais burro, mas sim mais esperto. Talvez sejamos nós, humanos, que estamos ficando mais exigentes (ou implicantes) com nosso amigo robótico. No fim das contas, é uma parceria: o ChatGPT continua se esforçando para melhorar, e nós continuamos a usar nosso bom senso para interpretar suas respostas. Afinal, não podemos esperar que ele seja um gênio em tudo, assim como eu não espero que meu gato aprenda a fazer meu imposto de renda.

5. Por que parece que o ChatGPT ficou mais burro?

Recentemente, uma pesquisa indicou uma degradação nas respostas dos sistemas GPT-3.5 e GPT-4 conforme a ferramenta interagia com os usuários (CHEN; ZAHARIA; ZOU, 2023). O estudo apontou deterioração nas respostas, sugerindo que a precisão da inteligência artificial (IA) piorou ao longo do tempo. Isso corrobora a percepção de algumas pessoas sobre as versões mais recentes do software terem ficado "mais burras".

Uma das críticas ao estudo é que ele se refere principalmente a perguntas baseadas em matemática, o que não é uma forma útil de testar um modelo de linguagem. Esses modelos são construídos em torno de relações entre palavras, não necessariamente em torno de conceitos matemáticos.

Zagueiro não é treinado para fazer gols

É como esperar que um zagueiro no futebol seja um centroavante cada vez melhor. O fato de o zagueiro estar fazendo menos gols não significa que ele está piorando como zagueiro. Pedir a um modelo de linguagem para fazer matemática e melhorar nisso está fora do escopo do que o modelo foi projetado para fazer.

A OpenAI, criadora do GPT-4, anunciou que está ciente dessa nova pesquisa e está monitorando os relatórios sobre a suposta diminuição das capacidades do GPT-4. Peter Deng, VP de produto da OpenAI, afirmou:

"Não, nós não tornamos o GPT-4 mais burro, muito pelo contrário. Fazemos cada nova versão mais inteligente que a anterior".

Por que temos essa sensação?

À medida que nos familiarizamos com a tecnologia de inteligência artificial e aprendemos mais sobre suas capacidades e limitações, podemos nos tornar mais críticos em relação às respostas. Isso faz parte da evolução não só do ChatGPT, mas também de nós, seres humanos, que precisamos desenvolver as habilidades de pensamento crítico e formulação de perguntas ao ChatGPT.

É importante lembrar que, assim como um chef aprimora suas habilidades culinárias ou um designer de tecnologia aprimora um produto, o GPT também está em constante evolução e melhoria. Críticas e *feedbacks* dos usuários são essenciais para esse processo de aprimoramento, permitindo que o GPT forneça respostas cada vez mais inteligentes e úteis.

Portanto, é um combinado que o ChatGPT terá de continuar trabalhando nas respostas, e nós sempre seremos responsáveis pela escolha e interpretação dessas respostas.

Imagine só: eu, um autor de best-sellers, contando a saga do Seu João, o mestre da feijoada, e sua luta contra o terrível algoritmo das redes sociais. Mas eis que surge David, o herói tecnológico de São José dos Campos, que cria uma IA brasileiríssima para salvar o dia! Com a ajuda do Sebrae, do ITA e até do iFood, David transforma sua startup em uma potência nacional de marketing digital. Agora, enquanto a IA cuida dos posts, Seu João pode se dedicar ao que realmente importa: aperfeiçoar aquela carne de sol que faz a gente babar. É o Brasil mostrando que pode criar soluções próprias de IA, misturando tecnologia com aquele tempero especial que só a gente sabe fazer. Quem diria que uma simples visita ao borracheiro Seu Miro resultaria em uma revolução tecnológica à brasileira?

6. Como criar a inteligência artificial feita por brasileiros para brasileiros

Todo dia às 5 da manhã o despertador toca e Seu João pula da cama. Não pode se atrasar para abrir seu restaurante, o "Sabor do Norte", especializado em comidas típicas nordestinas, em São José dos Campos. Ao chegar na cozinha, é uma correria para preparar a feijoada, o arroz, a farofa e aquela deliciosa carne de sol. O cheiro vai abrir o apetite dos fregueses quando começarem a chegar.

Seu João corre para atender as mesas, anotar os pedidos, servir os pratos, cuidar do caixa... ufa, nem vê a hora passar! Lá pelas 4 finalmente pode fazer uma pausa. Mas cadê aquele rapaz que ia gerenciar as redes sociais do restaurante? Sumiu de novo! Claro, com 20 frilas ao mesmo tempo, às vezes ele some.

Seu João sabe que é importante marcar presença na internet, mas não dá conta de mais essa tarefa. Ele sabe que se não postar regularmente o algoritmo vai atrapalhar o alcance, sabe que o cliente está nas redes sociais e quer saber qual é o cardápio do dia antes de chegar no restaurante. Ele sabe que não adianta só fazer um bom tempero, precisa fazer as pessoas conhecerem os pratos, todo dia. Mas com que tempo?

A solução inovadora

A sorte do Seu João foi que o David tinha acabado de voltar de São Paulo. David tinha decidido voltar a morar na cidade natal depois de dez anos trabalhando em grandes agências de marketing na capital. Todos os dias, o David ia ao restaurante do Seu João e acompanhava o drama dele tentando usar a internet e fazer seu negócio crescer.

Um dia David foi ao borracheiro, Seu Miro, e viu o dono da borracharia tendo a mesma frustração. Foi quando o David teve aquele *click* e decidiu criar um negócio para resolver o problema do Seu João e do Seu Miro.

Hoje a empresa do David é uma das maiores produtoras de conteúdo para o Instagram, Facebook e Google do Brasil. Eles desenvolveram uma inteligência artificial capaz de criar conteúdo automaticamente para milhares de pequenas e médias empresas, respeitando as regionalidades do país.

Brasil como criador de suas próprias soluções de IA

Essa é uma história real que mostra o impacto de empreendedores locais para resolver problemas locais. É importante criarmos soluções de inteligência artificial brasileiras para os problemas particulares do Brasil, em vez de importar algo "pronto" baseado em problemas que não são particularmente nossos.

A história do David é um exemplo inspirador de negócio que surge de um olhar brasileiro para um problema brasileiro. Os desenvolvedores e designers do Vale do Silício nunca vão entender o problema do Seu João como o David entendeu.

O papel do Estado e de instituições sociais para fomentar a inovação

Depois de atender o Seu João e o Seu Miro, David buscou o Sebrae, o Serviço Brasileiro de Apoio às Micro e Pequenas Empresas. E foi expandindo assim o negócio, envolvido nos programa do Instituto de Pesquisas Tecnológicas (IPT) e do Sebrae, atingindo cada vez mais pequenos negócios Brasil afora.

Ele trabalhou com engenheiros da PUC-RS e do Instituto Tecnológico de Aeronáutica (ITA), transformando métodos de escrever textos em português para redes sociais em códigos de computador.

Em 2019 entraram em outro programa institucional, dessa vez da Softex, principal promotora de políticas públicas para o ecossistema da tecnologia e inovação do Brasil. A partir desse programa passaram a especializar seus algoritmos para atender a dentistas, médicos e hospitais brasileiros.

O Estado empreendedor

O alcance do Sebrae, o acesso aos cérebros do ITA e da PUC-RS, a infraestrutura das cidades, as conexões, os programas amplos de formação, esses elementos aumentam muito as chances de negócios como o do David prosperarem e se multiplicarem por todo o país.

Firmar uma parceria com o Sebrae permitiu integrar a plataforma de IA ao aplicativo usado por milhões de micro e pequenos empresários atendidos pela entidade.

Foi por meio de programa de *open innovation* que conseguiram firmar uma importante parceria com o iFood. Com acesso a uma extensa base de dados segmentada por regiões, agora podiam “ensinar” o sistema a sugerir conteúdos personalizados.

Tecnologia nacional com orgulho!

Hoje, a Agenzia Mkt é capaz de produzir conteúdo automatizado para qualquer restaurante do Brasil a partir do cardápio, respeitando as regionalidades de cada local, e ajuda milhares de brasileiros a ganhar mais tempo para serem mais felizes.

O sistema analisa informações como localização, segmento e interesses do cliente para sugerir textos, imagens e *hashtags* altamente personalizados e relevantes.

IA impactando positivamente a vida do seu João

Essa história do David Mendes é um exemplo de como o poder público pode e deve atuar como um impulsionador de inovações em vez de ser somente um fiscalizador. Programas governamentais bem desenhados que fornecem financiamento inteligente e mentorias para empreendedores inovadores no estágio inicial podem fazer toda a diferença entre o sucesso e o fracasso de *startups* com grandes ideias.

O momento para começarmos a ter uma atuação mais coordenada das instituições no Brasil é agora. Temos muitos dados, temos muitos problemas, e quanto mais fomentarmos as empresas a desenvolverem soluções como a do David, mais prósperos seremos como nação no futuro.

Enquanto a inteligência artificial criada por David dá conta do recado nas redes sociais, Seu João volta à sua cozinha, com mais tempo para seu verdadeiro talento. Afinal, se antes o desafio era conciliar o tempero da feijoada com a frequência de *posts*, agora ele pode mergulhar de cabeça naquilo que realmente ama: a culinária nordestina.

É curioso pensar que, ao dar mais tempo ao Seu João, a IA permitiu que todos nós ganhássemos. Ganhamos mais sabor, mais da essência do “Sabor do Norte". Quando a tecnologia nos permite focar no que realmente amamos, todos saem ganhando.

Que a história do Seu João nos lembre sempre disso: o verdadeiro valor da tecnologia está em nos permitir colocar mais de nós, nosso tempero, em tudo que fazemos.

Espero que histórias de sucesso como essa do David inspirem mais brasileiros a criar soluções locais de inteligência artificial.

Ah, o fascinante mundo da IA no atendimento ao cliente! Imaginem só: saímos da era do "desligue e ligue novamente" para a era do "a Alexa não responde, e agora?". Como um pai orgulhoso da evolução tecnológica, vejo a IA generativa transformando atendentes virtuais em verdadeiros poetas do suporte, capazes de entender até aquela ironia sutil do cliente frustrado. Dados e IA formam um casal perfeito, oferecendo personalização em massa como se cada cliente fosse o único no mundo. Mas calma lá, ainda precisamos daquele toque humano para situações em que nem o ChatGPT daria conta. E não esqueçamos da ética; afinal, ninguém quer um Big Brother disfarçado de atendente virtual, certo? No fim das contas, estamos criando super-humanos no atendimento, armados com IA até os dentes. O futuro? Bem, comece devagar, mas sonhe alto. Quem sabe, em breve, até a Alexa responderá sem precisar ser reiniciada.

7. A revolução da IA no atendimento ao cliente

Outro dia, meu filho de 6 anos me surpreendeu. Ele estava brincando com o assistente virtual da casa e perguntou: "pai, a Alexa não responde, e agora?". Sorri, lembrando de quando eu tinha a idade dele. Naquela época, eu ficava fascinado vendo meu pai montar computadores em casa. A tecnologia evoluiu tanto que hoje meu filho nem imagina um mundo sem respostas instantâneas.

Como especialista em inteligência artificial, tenho acompanhado de perto o impacto profundo que ela está causando no atendimento ao cliente. Essas observações me inspiraram a refletir sobre como a IA está transformando esse atendimento de forma silenciosa, mas profunda.

A IA generativa está revolucionando o atendimento

A IA generativa não é só um *buzzword*. Ela está redefinindo como as empresas se comunicam com os clientes. Imagine um atendente virtual capaz de entender o contexto, a emoção e até o humor do cliente. Isso já é realidade. As empresas que adotam essa tecnologia estão vendo uma melhoria significativa na satisfação do cliente. Por quê? Porque a IA generativa permite respostas mais naturais e personalizadas, quase indistinguíveis de um atendente humano.

Dados + IA = personalização em escala

Hoje, a "mágica" da IA permite um nível de personalização nunca antes visto no atendimento ao cliente. As empresas agora podem integrar dados de várias fontes - histórico de compras, interações anteriores, preferências - para oferecer um atendimento verdadeiramente personalizado. E o melhor? Isso pode ser feito em escala, para milhões de clientes simultaneamente.

Automação x toque humano: encontrando o equilíbrio

O desafio agora é encontrar o equilíbrio entre a eficiência da automação e o calor humano. As melhores empresas estão usando IA para tarefas repetitivas e deixando as interações mais complexas e emocionais para os humanos. É uma dança delicada que, quando bem executada, resulta em clientes mais satisfeitos e funcionários mais realizados.

Ética e privacidade: o elefante na sala

No uso de IA no atendimento, a questão ética e de privacidade é crucial. As empresas precisam ser transparentes sobre como usam os dados dos clientes e garantir que a IA esteja tomando decisões éticas. Não é fácil, mas é necessário para manter a confiança do cliente.

O futuro do trabalho no atendimento ao cliente

No atendimento ao cliente, a IA está redefinindo funções. Os atendentes estão se tornando "super-humanos", apoiados por IA para resolver problemas mais complexos. Isso exige novas habilidades e treinamento contínuo. As empresas que investem nisso estão vendo resultados impressionantes.

Implementando IA no atendimento: por onde começar?

Comece pequeno, mas pense grande. Identifique áreas específicas onde a IA pode ter impacto imediato. Talvez seja na triagem de chamadas ou na análise de sentimentos em e-mails. O importante é ter uma estratégia clara, alinhar a tecnologia com os objetivos do negócio e, acima de tudo, manter o foco no cliente.

Ao refletir sobre tudo isso, fico emocionado ao pensar no mundo que a próxima geração vai ajudar a construir. Um mundo onde a tecnologia e o toque humano se complementam para criar experiências incríveis para os clientes.

Bem, lá vou eu mergulhar no oceano da IA no Brasil, onde o "jeitinho" encontra o algoritmo! Imaginem só: estamos prestes a ver robôs aprendendo a dar aquela "carteirada" clássica, enquanto nós, reles mortais, corremos o risco de ficar tão obsoletos quanto um disquete em uma startup. A automação ameaça transformar nosso caloroso ambiente de trabalho em algo tão frio quanto um ar-condicionado no inverno carioca. E não para por aí! Nossas queridas leis trabalhistas podem precisar de um upgrade mais rápido que um smartphone em Black Friday. Mas calma, nem tudo está perdido! Se investirmos em educação e criatividade, quem sabe não ensinamos a IA a sambar também? O futuro está aí, e cabe a nós moldá-lo com a mesma habilidade que temos para equilibrar um prato de feijoada, uma caipirinha e um celular durante o almoço de domingo.

8. Entre a eficiência e a desigualdade: o avanço da IA no ambiente de trabalho

A adoção da inteligência artificial no ambiente de trabalho brasileiro traz uma série de questões complexas. O país, marcado por desigualdades sociais e econômicas, enfrenta o desafio de integrar essa tecnologia de forma justa e eficaz. A IA pode otimizar processos e aumentar a eficiência, mas também pode aprofundar disparidades ao tornar obsoletas certas funções, muitas vezes ocupadas por trabalhadores menos qualificados ou por grupos já marginalizados.

A cultura de trabalho no Brasil, muitas vezes baseada em relações pessoais e uma abordagem mais humana, pode ser impactada pela automação, que ameaça substituir a interação humana em diversos setores. É hora de debater de maneira crítica e construtiva esse presente que já bate à nossa porta.

O avanço imparável da IA

Vivemos em uma sociedade cada vez mais dependente de tecnologia. As grandes corporações têm interesse em expandir seu poder e alcance por meio do digital, o que explica os maciços investimentos em IA e aprendizado de máquina. As empresas querem usar essas tecnologias para maximizar eficiência, reduzir custos e ampliar os lucros.

Nos últimos dez anos, houve saltos técnicos significativos em áreas como redes neurais profundas e modelos de linguagem que tornaram a IA muito mais capaz. Assim, ela está saindo dos bastidores e invadindo todos os domínios. Não vamos deter esse avanço, mas podemos influenciar sua direção.

O jeitinho brasileiro e a IA

No Brasil, o impacto da IA no trabalho é provável que seja particularmente complexo. A automação de empregos de baixa qualificação pela IA pode aprofundar ainda mais as desigualdades sociais e econômicas existentes. Atividades que não exigem grande capacidade cognitiva tendem a ser automatizadas rapidamente, o que trará ganhos de produtividade para as corporações, mas pode deixar funcionários menos qualificados sem opções de recolocação no mercado.

Além disso, a cultura de trabalho no Brasil, baseada em relações pessoais, pode ser desumanizada pela introdução da IA e da automação, criando um ambiente mais impessoal e mecanizado.

Menos oportunidades para aprendizado

A automatização de funções administrativas pode levar à redução de oportunidades para aprendizado em algumas carreiras, como direito, contabilidade e auditoria. Com menos espaço para estagiários e profissionais iniciantes absorverem o "know-how" de profissionais seniores, pode haver uma escassez de profissionais qualificados no futuro.

Fuga de cérebros: risco para *startups* brasileiras

A ascensão da IA poderá intensificar a fuga de talentos do Brasil para empresas estrangeiras ou trabalhos remotos. As *big techs* têm condições de oferecer salários em dólares e vistos que permitem experiências no exterior, enquanto as *startups* brasileiras enfrentam dificuldades para reter profissionais de alto nível.

Repensando leis trabalhistas para a era da IA

Será necessário repensar os modelos de contratação, permitindo mais flexibilidade sem cair na precarização excessiva. É preciso investir pesadamente em capacitação para os profissionais em risco de obsolescência e discutir em profundidade soluções para os desafios do mercado de trabalho.

Preparando as futuras gerações

O cenário desafiador exigirá mudanças na educação e no treinamento de novos talentos. É fundamental estimular os jovens a adquirir conhecimentos técnicos e *soft skills* para que estejam aptos a lidar com as profissões do futuro e menos suscetíveis à automação.

Abraçando a tecnologia com responsabilidade

A tecnologia pode trazer benefícios se usada com responsabilidade. Cabe às empresas e à sociedade definir um caminho ético para esse futuro, usando a IA para tornar os processos mais inteligentes e o trabalho das pessoas mais criativo e humano.

Moldando o futuro com humanidade

Os dilemas são complexos, com muitas nuances. Legislação e regulação são importantes, mas não suficientes. É necessário que setor privado, academia, terceiro setor e cidadãos participem ativamente do debate público e apresentem soluções que coloquem as pessoas no centro. O Brasil tem talento e criatividade para moldar o futuro da IA e do trabalho com humanidade, e esse deve ser o legado da nossa geração de líderes e empreendedores.

Eu, um observador cético, mas fascinado, me vejo diante de mais uma promessa futurística de Elon Musk: o Cybercab dourado. Enquanto ele nos bombardeia com visões de carros autônomos e robôs domésticos, não posso deixar de pensar se não estamos sofrendo de uma "fadiga de futuro". Afinal, ainda lutamos com o wi-fi em casa! As ações de Musk caem, os investidores franzem o cenho e eu me pergunto se o verdadeiro progresso não estaria em soluções mais simples e tangíveis. Por ora, mantenho-me cautelosamente otimista, mas prefiro confiar na minha velha cafeteira do que em um robô barista do futuro.

9. O futuro de Elon Musk está chegando, mas o presente requer atenção

As recentes apresentações incluem veículos autônomos e robôs que prometem mudar a vida cotidiana, mas investidores e consumidores estão cautelosos.

Mais uma vez, Elon Musk domina as manchetes com suas visões futuristas. Dessa vez, um táxi robô dourado que parece ter saído direto de um filme de ficção científica dos anos 90. Mas antes de nos empolgarmos com o Cybercab, talvez seja hora de respirarmos fundo.

Não me entendam mal. Musk é indiscutivelmente um visionário e suas inovações são fascinantes. Mas, ultimamente, parece que estamos sendo bombardeados com promessas de um futuro tão brilhante que precisamos de óculos escuros só de pensar nele. E, francamente, isso pode levar a uma certa fadiga de futuro.

É como se a cada semana surgisse uma nova tecnologia "revolucionária" que vai mudar nossas vidas para sempre. Carros voadores, robôs domésticos, viagens a Marte... a lista é interminável. Enquanto isso, cá estamos nós, ainda lutando para que o *wi-fi* funcione em todos os cômodos da casa.

O que intriga é essa obsessão em tornar tudo "inteligente" e "eficiente". Quer dizer, o bom e velho ônibus agora é praticamente um dinossauro tecnológico? E o que dizer dos taxistas de carne e osso? Serão eles os novos fabricantes de vela na era da lâmpada elétrica?

Muitas vezes essas promessas grandiosas são mais sobre marketing pessoal do que progresso real. Musk quer parecer o Tony Stark da vida real ou resolver problemas concretos do dia a dia?

No fim das contas, talvez o verdadeiro progresso não esteja em carros dourados que se dirigem sozinhos, mas em encontrar maneiras de tornar nossas cidades mais habitáveis, nossas comunidades mais fortes e nossas vidas um pouco menos dependentes de carros, telas e algoritmos.

As ações das empresas de Musk caíram, apesar dos recentes lançamentos empolgantes. Investidores expressam preocupações sobre a viabilidade comercial e os prazos de implementação de projetos como o Cybercab e o robô Optimus. Essa situação destaca a necessidade de demonstrar progresso tangível e viabilidade financeira para reconquistar a confiança do mercado.

Enquanto os investidores tiram suas conclusões, sigo tentando entender se devo me empolgar ou me preocupar com a ideia de um robô fazendo meu café da manhã. Por enquanto, acho que vou ficar com minha cafeteira de sempre. Pelo menos ela não tenta prever o futuro – só faz um café decente.

Preparem-se para uma viagem ao futuro do trabalho, onde a IA não é o vilão que rouba empregos, mas o sidekick que nos transforma em super-heróis corporativos! Imaginem-se delegando 10.000 tarefas chatas para seu assistente robótico enquanto você se dedica a resolver os enigmas do universo empresarial. A IA não está aqui para nos substituir, mas para nos dar um upgrade – é como se cada funcionário ganhasse um exoesqueleto mental. Nesse novo mundo, os humanos são elevados a pensadores estratégicos e solucionadores de problemas complexos, enquanto as máquinas cuidam das tarefas repetitivas. É a sinergia perfeita entre carne e silício, onde a criatividade humana e a eficiência robótica se unem para desbloquear níveis insanos de produtividade. O futuro não é homem versus máquina, mas homem e máquina – uma dupla dinâmica pronta para revolucionar o mundo corporativo!

10. A revolução silenciosa: como a IA está redefinindo, não substituindo, o trabalho humano

Na era da inteligência artificial (IA), um fantasma assombra o mundo corporativo: o medo da substituição em massa de trabalhadores por máquinas inteligentes. Contudo, essa preocupação parte de uma premissa fundamentalmente equivocada – a de que o trabalho humano nas empresas é finito. Na realidade, o potencial de trabalho é infinito, e a IA está nos permitindo explorar esse potencial como nunca antes.

Imagine um cenário: sua equipe gerencia 10.000 tarefas diárias. Você implementa um sistema de IA capaz de lidar com esse volume. O que acontece com sua equipe? Eles não ficam obsoletos; eles evoluem. As 10.000 tarefas originais agora são gerenciadas pela IA, liberando sua equipe para enfrentar novos desafios, explorar novas oportunidades e impulsionar o crescimento da empresa de maneiras que antes eram inimagináveis devido às limitações de tempo e recursos.

A dinâmica empresarial exige crescimento constante. O volume de trabalho potencial sempre supera nossa capacidade humana de processamento. O que a IA faz é ampliar exponencialmente essa capacidade de processamento, permitindo que as empresas operem em escalas antes impensáveis.

Nesse novo paradigma, os humanos não são substituídos; eles são elevados. As tarefas rotineiras, repetitivas e baseadas em regras são delegadas à IA, enquanto os profissionais humanos se concentram em áreas que exigem nuance, criatividade e pensamento estratégico. Estamos falando de:

1. Resolução de problemas complexos que fogem aos padrões estabelecidos.
2. Pensamento sistêmico para otimização de processos em larga escala.
3. Desenvolvimento e aprimoramento contínuo dos próprios sistemas de IA.
4. Criação de estratégias inovadoras para melhorar a satisfação do cliente.
5. Exploração de novos mercados e oportunidades de negócios.

Tomemos como exemplo uma central de atendimento ao cliente. A IA pode lidar com consultas padrão, liberando os atendentes humanos para se concentrarem em casos complexos que requerem empatia, julgamento e soluções personalizadas. Isso aumenta a eficiência e melhora significativamente a experiência do cliente e a satisfação do funcionário.

A verdadeira revolução não está na substituição, mas na sinergia. A IA nos permite automatizar o automático, humanizar o humano e expandir os horizontes do que é possível em termos de produtividade e inovação empresarial.

As empresas que prosperarão nessa nova era serão aquelas que entendem que a IA não é um substituto, mas um amplificador do potencial humano. Elas investirão não apenas em tecnologia, mas no desenvolvimento contínuo de suas equipes, preparando-as para operar em um nível mais elevado de abstração e criatividade.

O futuro do trabalho não é homem *versus* máquina, mas homem e máquina, trabalhando em harmonia para desbloquear níveis de produtividade e inovação que antes eram inimagináveis. As possibilidades são infinitas. Cabe a nós abraçá-las e moldá-las para criar um futuro de trabalho mais rico, mais gratificante e mais humano do que nunca.

Ora, ora, quem diria que a União Europeia decidiu vestir a capa de super-herói e salvar o mundo da IA malvada? Com suas 460 páginas de regulamentações mais duras que um bife mal passado, eles decretaram que a IA deve ser nossa amiga, não nossa dominadora. Proibiram desde influenciar comportamentos até farejar nossas crenças políticas (adeus, algoritmo stalker!). Carros autônomos e aplicações médicas ganharam status VIP de "alto risco", enquanto imagens geradas por IA terão que usar uma plaquinha de "sou fake" na testa. Para nós, brasileiros, a mensagem é clara: é hora de surfar nessa onda ética antes que ela vire um tsunami regulatório em nossas praias tropicais. Afinal, quem não quer ser o bacana que usa IA responsavelmente enquanto toma uma caipirinha?

11. O Brasil e a nova lei de IA da União Europeia

A União Europeia vai colocar em vigor as regulamentações de IA mais duras do mundo. Aplicações de IA perigosas foram designadas como "inaceitáveis" e serão ilegais, exceto para governos, aplicação da lei e estudos científicos sob condições específicas. Literalmente, consideraram a IA uma arma e, como tal, monopólio do Estado, em alguns casos.

Como o GDPR, a nova legislação da UE cria obrigações para qualquer um que faça negócios dentro dos 27 Estados-membros, não apenas para as empresas baseadas lá. Os eurodeputados disseram que o objetivo é proteger os direitos e liberdades dos cidadãos, ao mesmo tempo em que promove a inovação e o empreendedorismo. Mas as cerca de 460 páginas publicadas da lei contêm muito mais do que isso.

Quando entra em vigor?

A Lei de Inteligência Artificial foi adotada pelo Parlamento da UE em 13 de março de 2024 e espera-se que em breve se torne lei quando for aprovada pelo Conselho Europeu. Levará até 24 meses para que tudo seja aplicado, mas certos aspectos, como as práticas recém-banidas, podem ser colocados em prática em apenas seis meses.

Usos da IA serão proibidos

A lei afirma que "a IA deve ser uma tecnologia centrada no ser humano. Ela deve servir como uma ferramenta para as pessoas, com o objetivo final de aumentar o bem-estar humano". Para fazer isso, a UE proibiu o uso de IA para vários fins potencialmente prejudiciais, incluindo:

- Usar a IA para influenciar ou alterar comportamentos de maneiras prejudiciais.
- Classificação biométrica para inferir crenças políticas e religiosas ou preferência ou orientação sexual.
- Sistemas de pontuação social que poderiam levar à discriminação.
- Identificar remotamente pessoas por meio de biometria em locais públicos (sistemas de reconhecimento facial, por exemplo).

IA de alto risco

Além dos usos considerados inaceitáveis, a lei divide as ferramentas de IA em mais três categorias - alto, limitado e risco mínimo. A IA de alto risco inclui casos de uso como carros autônomos e aplicações médicas. As empresas envolvidas nesses campos ou similarmente arriscados enfrentarão regras mais rígidas, bem como uma maior obrigação em relação à qualidade e à proteção dos dados.

Transparência

A lei deixa claro que a IA deve ser o mais transparente possível. São feitas estipulações em torno de casos em que há necessidade de "proteger segredos comerciais e informações comerciais confidenciais". A lei cobre a transparência de duas maneiras:

Decreta que as imagens geradas por IA devem ser claramente marcadas para limitar os danos que podem ser causados por engano, *deepfakes* e desinformação.

Cobre os próprios modelos de uma forma que parece particularmente direcionada a grandes provedores de IA de tecnologia.

O que isso significa para o futuro da regulamentação da IA?

A lei da UE é a primeira do tipo, mas espera-se amplamente que seja seguida por mais regulamentações em todo o mundo, incluindo nos EUA e na China. Para os líderes empresariais, onde quer que estejam no mundo, tomar medidas para garantir que estejam preparados para as mudanças que estão por vir é essencial.

Impactos para empresas brasileiras

Mesmo que o Brasil ainda não tenha uma lei específica[1], acompanhar de perto a regulamentação em outras jurisdições será importante para se antecipar às tendências. Investir em uma cultura interna de IA ética, com foco em dados de qualidade, algoritmos explicáveis e mitigação de riscos, será a melhor preparação para as mudanças regulatórias que virão.

A reputação e a confiança do público serão ativos essenciais conforme a IA se torna mais prevalente. Ser percebida como uma empresa que usa a IA de forma responsável será uma vantagem competitiva. Lideranças no Brasil devem colocar a regulamentação de IA no radar e começar desde já a preparar suas organizações, técnica e culturalmente, para operar em um ambiente em que a tecnologia será cada vez mais escrutinada. Liderar pelo exemplo na adoção ética da IA será fundamental.

---

[1] Nota da Editora: no momento da edição deste livro, julho de 2025, ocorre a tramitação do projeto de lei nº 2.338/2023, que dispõe sobre o uso da inteligência artificial. Ele foi aprovado pelo Senado Federal em 10 de dezembro de 2024 e encaminhado para a Câmara dos Deputados em 17 de março de 2025,

Olá, caros leitores! Hoje vou compartilhar com vocês um resumo sobre o futuro da inteligência artificial no Brasil. Imaginem só: estamos diante de um dilema digno de novela das oito! De um lado, temos os gigantes tecnológicos, verdadeiros senhores feudais digitais, querendo sugar nossos preciosos dados como se fossem o último gole de caipirinha numa praia lotada. Do outro, temos nossa ANPD, que decidiu dar um "bloqueio" nessa festa de dados. Enquanto isso, o resto do mundo faz uma dança maluca de regulações, com China e Rússia fazendo cara feia para as redes sociais ocidentais, a Europa tentando ser a adulta responsável da turma e os EUA ainda tentando decidir se põem ou não põem limite na IA. E nós, brasileiros? Bem, estamos naquela sinuca de bico: queremos inovar, mas sem virar colônia digital. A pergunta que não quer calar é: seremos os criadores do nosso próprio futuro tecnológico ou apenas fornecedores de dados para os "gringos"? Senhoras e senhores, o jogo está apenas começando, e o Brasil precisa decidir se vai ser jogador ou bola nessa partida!

12. O Brasil entre a inovação e a colonização digital

A recente decisão da Meta de suspender recursos de inteligência artificial (IA) em seus produtos no Brasil, seguindo diretrizes da Autoridade Nacional de Proteção de Dados (ANPD) (ANVERSA, 2024), levanta questões importantes sobre o papel do país na economia digital global.

Com 148 milhões de usuários de WhatsApp, o Brasil é o segundo maior mercado da plataforma, atrás apenas da Índia. Esses números impressionantes revelam não apenas o alcance da Meta, mas também o imenso volume de dados que essas populações geram diariamente – dados que são o novo petróleo da era digital.

Tecnofeudalismo e colonização digital

O conceito de "tecnofeudalismo", abordado em livro pelo economista Yanis Varoufakis (2024), discute o surgimento de um novo sistema econômico onde gigantes tecnológicos acumulam riquezas e poder sem precedentes, extraindo valor dos dados de bilhões de usuários globalmente. Isso levanta uma questão incômoda: não estaríamos diante de uma nova forma de colonização, onde os lucros gerados com os dados das populações brasileira e indiana fluem diretamente para os cofres de empresas sediadas em outros países?

Regulamentação da IA ao redor do mundo

As disparidades nas regulações de IA globalmente revelam não apenas questões técnicas, mas profundas implicações geopolíticas:

- **China e Rússia:** proíbem ou restringem severamente a operação da Meta e outras plataformas ocidentais.
- **União Europeia:** propõe uma abordagem baseada em risco, com regulações mais rígidas para IA considerada de "alto risco".
- **Estados Unidos:** ainda luta para estabelecer uma regulação federal abrangente para IA e uso de dados.
- **Índia:** adota uma abordagem mais permissiva, focando no uso de IA para desenvolvimento econômico e social.

O desafio brasileiro

O Brasil se encontra diante de um desafio complexo: como proteger os dados de seus cidadãos, fomentar a inovação local e, ao mesmo tempo, evitar cair na armadilha da colonização digital? É necessário desenvolver uma abordagem que reconheça nossa posição única no cenário global de tecnologia.

Marco regulatório da IA no Brasil

Precisamos de um marco regulatório flexível e adaptável, capaz de evoluir tão rapidamente quanto a tecnologia que busca regular. Ao mesmo tempo, é crucial investir em educação e infraestrutura digital, criando um ecossistema que não apenas consuma tecnologia, mas que também a produza.

O potencial do Brasil

O Brasil tem o potencial de ser mais que um mero consumidor ou fornecedor de dados para gigantes tecnológicos globais. Com a base de usuários que temos e a diversidade única desses dados, podemos e devemos ser protagonistas na definição do futuro da IA.

É hora de o Brasil assumir seu lugar na vanguarda da revolução digital, não apenas como um grande mercado, mas como um líder em inovação responsável, ética e equitativa. O futuro da IA no Brasil está em nossas mãos, e as decisões que tomarmos hoje moldarão nossa indústria tecnológica e o próprio tecido de nossa sociedade digital nas décadas por vir.

Chegou a hora de decidirmos: seremos colonizados digitalmente ou construiremos nossa própria soberania tecnológica?

Olá, caros leitores! Preparem-se para uma viagem ao futuro da inteligência artificial no Brasil, onde a tecnologia promete ser tão inacessível quanto um ingresso para a final da Copa do Mundo. Imaginem um cenário em que ter um smartphone top de linha é o novo "ter um diploma universitário". Parece exagero? Bem, é exatamente o que estamos enfrentando. A IA está chegando como um tsunami de inovações, mas muitos brasileiros ainda estão tentando aprender a nadar. Entre chatbots educacionais e ferramentas de saúde revolucionárias, esquecemos um pequeno detalhe: a infraestrutura básica. Afinal, de que adianta ter um assistente virtual se você não tem nem uma cadeira confortável para se sentar? O desafio agora é transformar essa revolução tecnológica em algo mais inclusivo, caso contrário teremos uma nova forma de exclusão social tão difícil de superar quanto explicar para a vovó como funciona o Bitcoin.

13. Inteligência artificial corre o risco de acentuar desigualdade social no Brasil

A implementação da inteligência artificial (IA) na sociedade brasileira traz o risco de ampliar as desigualdades já existentes. Embora a IA ofereça soluções promissoras, como *chatbots* que apoiam a educação e ferramentas que democratizam o acesso à saúde, o caminho para tornar essas inovações acessíveis a todos ainda é longo. Para muitos brasileiros, a infraestrutura básica necessária para acessar essas tecnologias permanece fora de alcance.

Quando pensamos em IA, tendemos a focar nas suas capacidades revolucionárias. Mas há um elemento crucial que frequentemente negligenciamos: a infraestrutura necessária para acessar essas tecnologias. Para utilizar um simples *chatbot*, uma pessoa precisa ter acesso à internet estável, um dispositivo adequado e um ambiente propício ao aprendizado. Isso significa ter computador, monitor, teclado, mouse, uma mesa, uma cadeira confortável e, não menos importante, tempo e silêncio para aprender e trabalhar. São requisitos que, para muitos brasileiros, representam um luxo inalcançável.

A questão se torna ainda mais complexa quando consideramos os usos práticos da IA no ambiente profissional. Não basta apenas ter acesso básico à tecnologia – é preciso ter ferramentas adequadas para tarefas como elaborar apresentações, redigir propostas comerciais ou criar documentos complexos. A diferença entre ter um *smartphone* básico ou um último modelo pode significar a diferença entre estar incluído ou excluído dessa revolução tecnológica.

Contudo, não podemos simplesmente descartar o potencial transformador da IA. O verdadeiro desafio está em criar mecanismos que garantam uma distribuição mais equitativa desses recursos. Isso exige uma abordagem multifacetada, envolvendo políticas públicas robustas, iniciativas privadas comprometidas com a inclusão digital e programas educacionais que capacitem as pessoas a utilizarem essas ferramentas de forma efetiva.

Precisamos de projetos que levem internet de qualidade para áreas remotas, programas que disponibilizem dispositivos a preços acessíveis e iniciativas de capacitação digital que alcancem as populações mais vulneráveis. É fundamental que haja uma colaboração estreita entre governo, empresas e organizações da sociedade civil para criar soluções que enderecem essa questão de forma sistemática.

A IA pode, sim, ser um catalisador de mudanças positivas em nossa sociedade. Mas para que isso aconteça, precisamos garantir que seu desenvolvimento e sua implementação sejam guiados por princípios de equidade e inclusão. Caso contrário, corremos o risco de criar uma nova forma de exclusão social, ainda mais profunda e difícil de superar que as anteriores.

O momento é de ação. Não podemos permitir que essa revolução tecnológica apenas reproduza e amplifique as desigualdades já existentes em nossa sociedade. É nossa responsabilidade trabalhar para que a IA seja uma ferramenta de transformação social positiva, capaz de criar oportunidades reais para todos os brasileiros, independentemente de sua condição socioeconômica.

Segurando meu cafezinho e tentando não derramar de empolgação, vou contar pra vocês o que está rolando com a IA no Brasil. Imaginem só: os gastos com essa tecnologia subiram 120% em cinco meses! É como se a geração Y tivesse descoberto um novo brinquedo e não quisesse mais largar. Os homens estão na frente nessa corrida tecnológica, mas as mulheres, quando entram, gastam mais (típico, não?). As empresas estão se coçando para integrar a IA, mas ainda estão naquela fase de "como é que liga isso?". São Paulo lidera os gastos, provavelmente porque o trânsito dá tempo para brincar com o ChatGPT no celular. E o Brasil? Bem, estamos na 39ª posição global em IA – mas, hey, pelo menos estamos na lista, certo? Vamos ver se conseguimos subir alguns degraus antes que as IAs decidam dominar o mundo.

14. O que mostra o salto nos gastos com inteligência artificial no Brasil

Os gastos dos brasileiros com inteligência artificial (IA) cresceram 120% nos cinco primeiros meses de 2023, de acordo com um levantamento do Itaú Unibanco (LOPES, 2024). Esse crescimento surpreendente reflete o aumento exponencial do interesse em IA, impulsionado por inovações como o ChatGPT.

A geração Y (28 a 42 anos) é a principal consumidora dos serviços de IA, representando 52% dos gastos. Embora os homens liderem o uso (80%), as mulheres tendem a gastar mais. As carreiras que mais utilizam plataformas de IA são analistas de sistemas, engenheiros e advogados.

A expansão da IA nas empresas

Esse movimento segue um padrão semelhante ao observado com outras tecnologias, como os métodos ágeis. Inicialmente adotadas na área de TI, essas inovações gradualmente se espalham por toda a organização. Um estudo da IBM (2023) revelou que 51% dos executivos de dados no Brasil estão investindo fortemente em IA, indicando que essa transição já está em andamento.

Preferências e tendências

As empresas de IA preferidas pelos brasileiros são OpenAI, GitHub e Notion. Os estados que mais investem na tecnologia são São Paulo, Rio de Janeiro, Minas Gerais, Paraná e Santa Catarina. Curiosamente, em São Paulo, as pessoas físicas gastam mais com IA do que as jurídicas, sugerindo uma primeira adoção por iniciativa individual.

Desafios e oportunidades

As empresas em breve precisarão absorver esses investimentos em IA, integrando-a ao cotidiano dos funcionários. Isso apresenta desafios de controle, segurança e treinamento, mas também oportunidades para aumentar a eficiência e competitividade.

O Brasil no cenário global de IA

Atualmente, o Brasil ocupa a 30ª posição no Índice Global de Inteligência Artificial. Apesar da diferença em relação aos líderes globais (EUA, China e Singapura), o país mostra progresso e potencial, especialmente em termos de acesso a talentos (TORTOISE, 2024).

O crescimento nos gastos com IA representa uma oportunidade significativa para as empresas brasileiras desenvolverem soluções inovadoras para problemas locais. Embora o país ainda esteja atrasado em alguns aspectos, está no caminho certo para avançar no campo da inteligência artificial.

Bem, meus caros leitores, preparem-se para uma montanha-russa de revelações sobre o mundo do recrutamento! Imaginem só: estamos vivendo em um cenário digno de um filme distópico, onde as empresas estão desesperadas por talentos, mas parecem estar jogando "Quem quer ser um recrutador?" às cegas. Com tecnologias de IA surgindo como super-heróis (ou seriam vilões?) para salvar o dia, nossos queridos recrutadores estão sendo promovidos a "consultores de talentos" – porque, aparentemente, "recrutador" não era um título suficientemente pomposo. Enquanto isso, no Brasil, os CEOs estão ocupados demais reclamando da burocracia para perceber que estão cortando custos no lugar errado. A moral da história? Invista em pessoas e tecnologia, ou prepare-se para um futuro em que robôs farão as entrevistas e os candidatos responderão com emojis.

15. Inteligência artificial, recrutamento e como lidar com a escassez de habilidades

Os resultados do estudo *Talent Acquisition at a Crossroads*, conduzido pela AMS (2024), são preocupantes. Apenas 32% dos líderes de aquisição de talentos estão envolvidos em planejamento estratégico da força de trabalho, 42% acreditam que sua empresa não tem plano de força de trabalho e 46% dizem que estão "correndo para se manter atualizados". Quando ocorrem demissões, muitas vezes os recrutadores são os primeiros a serem cortados, como aconteceu recentemente na Tesla (WALDERSEE, 2024).

Escassez de habilidades

Esse cenário ocorre em um mundo onde 58% das empresas sentem que a escassez de habilidades está impactando significativamente seus planos de negócios, e mais de três quartos acreditam que devem transformar suas práticas de talentos para crescer. A "contratação baseada em habilidades" é uma prioridade, porém difícil de implementar.

No Brasil, enfrentamos desafios semelhantes. Uma pesquisa recente mostrou que os CEOs classificam a "a falta de competências na força de trabalho da empresa" como o terceiro processo mais burocrático em suas empresas (PWC, 2024). Isso explica por que dois terços dos líderes de aquisição de talentos estão sendo pressionados a cortar custos.

Recrutamento e estratégia

Cortar gastos com recrutamento é uma estratégia míope. Organizações de alto desempenho se concentram na contratação interna, usam ferramentas de inteligência para encontrar talentos ocultos e investem no desenvolvimento interno contínuo para preencher as lacunas de habilidades.

A tecnologia tem um papel fundamental nessa reinvenção do recrutamento. Novos sistemas baseados em IA, como HiredScore, Paradox, Eightfold, Gloat, Draup e Lightcast, podem reduzir significativamente o tempo de contratação.

Não basta só tecnologia

A tecnologia não é a resposta completa. As empresas também precisam transformar o papel dos recrutadores em "consultores de talentos", com profundo conhecimento sobre cargos, habilidades e a dinâmica organizacional. Empresas líderes como a Mastercard já estão nesse caminho, renomeando seus recrutadores como "*Coaches* de Carreira".

O conselho para as empresas brasileiras é claro: elevem a aquisição de talentos a uma função estratégica, integrada com treinamento, gestão de carreira e engajamento dos funcionários. Invistam em tecnologia, mas também nas habilidades dos seus recrutadores. E, acima de tudo, coloquem as pessoas no centro da sua estratégia de talentos.

É um desafio complexo, mas também uma enorme oportunidade. As empresas que conseguirem reinventar a aquisição de talentos estarão muito mais bem posicionadas para atrair e reter os melhores profissionais, impulsionando a inovação e o crescimento dos seus negócios.

Ah, o fascinante mundo da IA nas empresas! Eu, como um entusiasta da tecnologia e observador atento das transformações corporativas, não poderia deixar de notar o quão cômico pode ser o desenrolar desse "romance" entre humanos e máquinas inteligentes. Imaginem só: líderes empolgados anunciando a chegada da IA como se fosse a segunda vinda do Messias tecnológico, enquanto a pobre Maria do RH se pergunta como vai aprender a usar essa maravilha sem deixar de enviar os sagrados holerites. É como tentar ensinar um gato a latir enquanto ele ainda precisa caçar ratos. O artigo sabiamente nos lembra que a implementação da IA não é um passe de mágica, mas sim um processo que requer tempo, dedicação e, acima de tudo, paciência – virtude que, convenhamos, nem sempre abunda no mundo corporativo. A mensagem é clara: para colher os frutos da IA, é preciso primeiro plantar as sementes da adaptação, regar com treinamento e cultivar uma cultura de aprendizado contínuo. Caso contrário, corremos o risco de transformar nossa promissora IA em nada mais que um dispendioso ornamento tecnológico.

16. O paradoxo da produtividade: o erro comum na implementação de IA nas empresas

A inteligência artificial (IA) virou sinônimo de eficiência e inovação. Mas muitas empresas cometem um erro crucial: subestimam o tempo e os recursos necessários para uma implementação eficaz. Esse equívoco frequentemente resulta em frustração, baixo retorno sobre o investimento (ROI), resistência à tecnologia e prejuízo.

O paradoxo da produtividade

Imagine Maria, uma dedicada profissional de RH em uma grande empresa. Seu dia típico é preenchido com o envio de holerites, uma tarefa que consome suas oito horas diárias de trabalho. Quando a liderança anuncia entusiasticamente a adoção de IA para "aumentar a produtividade", Maria se vê em um dilema: como dedicar tempo para aprender, customizar e incorporar uma nova ferramenta de IA? Reduzir o tempo gasto com holerites não é uma opção viável, pois isso impactaria negativamente uma função crítica da empresa.

Esse cenário ilustra o paradoxo enfrentado por muitas organizações: a expectativa de que a IA trará benefícios imediatos sem considerar o tempo necessário para sua integração efetiva e sem oferecer nenhum tipo de guia ou orientação aos colaboradores.

A realidade da implementação de IA

Após diversas conversas com líderes empresariais, notei que as organizações bem-sucedidas na adoção de IA se baseiam em três pilares:

1. **Equipe dedicada:** destacam uma pessoa ou equipe específica para liderar a disseminação da IA na organização.
2. **Treinamento abrangente:** oferecem programas de nivelamento e *workshops* práticos para capacitar os funcionários.
3. **Tempo para adaptação:** reconhecem que a adoção de IA é um processo que requer tempo e ajustes nas rotinas existentes.

O caminho para o ROI com IA

Para evitar o erro comum de uma implementação apressada, as empresas devem adotar uma abordagem mais estratégica e holística. É fundamental que as organizações avaliem realisticamente o processo de adoção de IA, compreendendo que se trata de um investimento de tempo e recursos, não uma solução instantânea.

Um planejamento estratégico é essencial, incluindo o desenvolvimento de um roteiro claro para a implementação, com marcos bem definidos e métricas de sucesso mensuráveis. Igualmente importante é o investimento nas pessoas: as empresas devem priorizar o treinamento e o desenvolvimento dos funcionários tanto quanto o investimento na tecnologia em si.

Criar espaço para inovação é crucial, o que significa alocar tempo específico para que os funcionários explorem e experimentem as novas ferramentas de IA sem comprometer suas responsabilidades diárias.

É vital fomentar uma cultura de aprendizado contínuo, incentivando a curiosidade e a adaptabilidade como valores fundamentais da organização. Essa abordagem facilita a adoção de IA e prepara a empresa para futuras inovações tecnológicas.

Conclusão

A adoção bem-sucedida de IA nas empresas vai muito além de uma simples ordem da liderança. Requer um compromisso com a transformação, reconhecendo que o verdadeiro poder da IA só é desbloqueado quando as pessoas têm o tempo, os recursos e o suporte necessários para integrá-la efetivamente em seu trabalho diário.

As organizações que entenderem isso mais rápido estarão posicionadas para colher os benefícios imediatos da IA e criar uma cultura de inovação contínua que as manterá à frente em um mundo em rápida evolução tecnológica.

Ah, a nostalgia! Aquela velha conhecida que nos faz suspirar pelos tempos em que o "o-ou" do ICQ era música para nossos ouvidos e cuidar de um Tamagotchi era nossa maior responsabilidade. Neste capítulo, mergulho de cabeça nas águas turbulentas da nostalgia tecnológica, navegando entre as memórias dos primórdios da internet e os avanços vertiginosos da inteligência artificial. Faço uma viagem no tempo, relembrando os jogos offline que desafiavam nossa criatividade, os chats pré-redes sociais que nos conectavam ao mundo e as primeiras interações com IAs rudimentares. Ao mesmo tempo, lanço um olhar crítico para o presente e o futuro, questionando como as redes sociais e a onipresença da tecnologia estão moldando nossas interações e nossa essência humana. Será que um dia olharemos para o Instagram com o mesmo carinho que temos pelo MSN? Só o tempo dirá, mas uma coisa é certa: a nostalgia sempre estará lá para nos lembrar de equilibrar o fascínio pela inovação com a preservação de nossa humanidade.

17. Nostalgia *versus* o brilho sedutor da inteligência artificial

Na era digital em que vivemos, onde a inteligência artificial (IA) está cada vez mais presente em nossas vidas, é fácil se deixar levar pelo fascínio das novas tecnologias. Nesse turbilhão de inovações, um sentimento tem se tornado forte: a nostalgia.

Quando penso na minha infância e adolescência, recordo com carinho dos computadores pré-internet. Aqueles jogos *offline* que desafiavam nossa habilidade e criatividade. Lembro da primeira inteligência artificial com a qual interagi, uma caveira que tentava capturar meu personagem na tela, respondendo de forma inteligente às minhas tentativas de fuga. E como esquecer dos Tamagotchis, aqueles pequenos brinquedos eletrônicos que exigiam nosso cuidado e atenção?

A nostalgia também me invade quando penso nos *chats* pré-redes sociais, como o mIRC, ICQ e MSN. O som inconfundível do ICQ, "o-ou", anunciando uma nova mensagem, ainda ecoa em minha mente. O ICQ permitia o envio de mensagens em tempo real, algo básico hoje em dia. Já o MSN possuía recursos como o "nudge", uma forma divertida de chamar a atenção. E o mIRC, com seus canais temáticos e a possibilidade de criar salas privadas, foi precursor das comunidades *on-line*.

Naquela época, essas ferramentas eram apenas meios de comunicação, mas para nós, jovens ávidos por conexão, elas representavam um mundo de possibilidades. Lembro da sensação incrível quando mandei uma mensagem do primeiro andar e meu amigo a recebeu no terceiro. Parecia impossível!

Com o passar do tempo essas maravilhas se vulgarizaram. Hoje, mesmo quando o ChatGPT escreve um poema, já não me impressiono tanto. É por isso que, da mesma forma que observamos a volta dos anos 2000 na cultura popular, acredito que a nostalgia será uma tendência cada vez mais forte nessa era da IA.

À medida que a tecnologia avança e nos tornamos cada vez mais dependentes dela, corremos o risco de nos distanciarmos de nossa essência humana. Seremos cada vez menos humanos e, paradoxalmente, sentiremos cada vez mais saudade de sê-lo. Ao mesmo tempo, nunca teremos tanta consciência da importância de preservar nossa humanidade.

Hoje, vivemos as redes sociais, WhatsApp, Instagram, TikTok, YouTube. Essas plataformas se tornaram essenciais em nossas vidas, moldando a forma como nos comunicamos, compartilhamos experiências e nos relacionamos com o mundo. Mas, assim como aconteceu com as tecnologias do passado, é inevitável que um dia olhemos para trás com nostalgia, relembrando os tempos em que essas ferramentas eram novidade.

Imagine daqui a algumas décadas, quando a realidade virtual e a IA tiverem avançado a ponto de se tornarem onipresentes em nosso cotidiano. Talvez nos peguemos suspirando ao lembrar da simplicidade de postar uma foto no Instagram ou enviar uma mensagem de voz no WhatsApp. Talvez sintamos falta dos debates acalorados no Twitter ou dos memes que dominavam o Facebook.

Assim como hoje valorizamos as experiências autênticas e as conexões humanas genuínas da era pré-internet, no futuro poderemos analisar nossas interações nas redes sociais atuais sob uma nova perspectiva. Será que a busca por *likes* e seguidores nos tornou menos autênticos? Será que a facilidade de comunicação instantânea nos fez perder a capacidade de valorizar conversas mais profundas e significativas? Essas são questões que só o tempo poderá responder.

Mas uma coisa é certa: a nostalgia sempre estará presente, nos lembrando de valorizar o passado, viver o presente e abraçar o futuro com consciência e equilíbrio. Nessa jornada rumo ao desconhecido, onde a IA e as novas tecnologias se tornam cada vez mais presentes, é fundamental mantermos nossa essência humana. Precisamos encontrar um ponto de equilíbrio entre a inovação e a preservação de nossa humanidade. Afinal, são nossas emoções, nossas memórias e nossa capacidade de criar e sonhar que nos tornam verdadeiramente especiais.

Portanto, aproveite cada momento, cada conexão, cada experiência proporcionada pelas redes sociais e pela tecnologia atual. Mas nunca se esqueça de cultivar relacionamentos autênticos, de valorizar o contato humano e de manter viva a chama da nostalgia. Um dia, olharemos para trás e suspiraremos, relembrando com carinho esses tempos em que as redes sociais "de antigamente" faziam parte de nossas vidas.

Embarquei numa jornada musical com Fernando Bastos e descobri que a IA está causando mais alvoroço que um solo de guitarra desafinado. Músicos e executivos estão unidos pelo medo da substituição, como se a IA fosse uma boyband prestes a roubar seus fãs. Mas calma lá! A IA ainda dá umas escorregadas criativas, tipo aquela vez que a Suno compôs uma música quase perfeita, mas com um "quase" bem gritante. A lição? A IA é mais um instrumento na nossa orquestra profissional do que um substituto. Precisamos aprender a tocá-la como os músicos aprendem seus instrumentos e criar uma sinfonia de colaboração entre humanos e máquinas. No fim das contas, a verdadeira inovação ainda depende da nossa batida criativa, com a IA apenas amplificando o nosso som.

18. IA na música: o que líderes podem aprender com a indústria criativa

O avanço da inteligência artificial (IA) está transformando setores de maneiras imprevisíveis. Na indústria musical, a IA gerou um sentimento comum entre os profissionais: o medo da substituição e da perda do espaço criativo humano.

Em uma conversa recente com Fernando Bastos, músico e arranjador carioca, discutimos como esse sentimento também ressoa com as preocupações de líderes empresariais de diferentes áreas. O medo que músicos sentem em relação à IA é semelhante ao temor de executivos e gestores diante das mudanças trazidas por essas novas tecnologias.

Fernando compartilhou uma experiência com a Suno, uma IA de geração musical que lhe forneceu uma música impressionante, porém com falhas no entendimento de especificações criativas. Essa situação ilustra bem as limitações atuais da IA e a importância de uma supervisão humana qualificada para garantir resultados alinhados às expectativas.

A conclusão principal da nossa discussão foi que a IA deve ser encarada como uma ferramenta de amplificação e inspiração, não como substituta do trabalho criativo.

Entendendo as limitações da IA

Apesar do potencial da IA, Fernando percebeu que ela ainda tem limitações claras, como no caso da criação musical pela Suno, que interpretou erroneamente algumas especificações. Isso reflete a necessidade de supervisão humana. Nos negócios, compreender essas limitações tecnológicas é fundamental para não criar expectativas irreais e otimizar sua implementação nas operações.

IA como ferramenta de amplificação, não substituição

Um ponto forte da nossa discussão foi a visão de Fernando de que a IA pode ser uma ferramenta para inspirar e ampliar o trabalho criativo, mas não substitui a criatividade genuína dos artistas. Para as empresas, a lição é clara: a verdadeira inovação ainda depende da intuição e criatividade humanas, que a IA deve amplificar, mas não substituir.

A importância da alfabetização em IA

Fernando destacou que entender as ferramentas de IA é crucial para os músicos, o que também se aplica aos líderes empresariais. A alfabetização em IA não é mais opcional para executivos, que precisam dominar esses recursos para tomar decisões informadas e implementar a tecnologia de forma eficaz.

Colaboração interdisciplinar: a chave para o futuro

Por fim, discutimos a importância da colaboração entre programadores e músicos para criar ferramentas de IA inovadoras. O mesmo vale para outros setores: criar ambientes que promovam a colaboração entre diferentes especialistas é fundamental para impulsionar a inovação dentro das empresas.

Imaginem só: lá estava eu, correndo pelo aeroporto como um louco, com o ChatGPT a tiracolo, produzindo conteúdo como se não houvesse amanhã. Mas eis que, ao pedir uma piada para relaxar, a IA me presenteia com um humor digno de um cruzeiro dos anos 50 (menos o racismo, felizmente). Entre turbulências existenciais e assentos vazios de criatividade artificial, percebi que a IA, embora brilhante em muitos aspectos, ainda tropeça nas nuances do humor humano. No fim, concluí que a verdadeira sagacidade está em saber quando desligar o robô falante e simplesmente apreciar o silêncio de um voo noturno – mesmo que a aeromoça insista em oferecer mais uma rodada de amendoins.

19. A IA no cotidiano: entre a produtividade e o riso

Em uma recente viagem de avião, me vi refletindo sobre o impacto da inteligência artificial (IA) em nossas vidas. Entre turbulências e assentos vazios, pensei em como a IA está transformando nossa relação com o tempo, o trabalho e até mesmo o humor.

A corrida contra o relógio (e com a IA)

Minha obsessão com a otimização do tempo me levou a usar o ChatGPT enquanto corria pelo aeroporto. Conversei com a IA, pedi resumos e até criei conteúdo para as redes sociais. Tudo isso enquanto me deslocava para o embarque. É incrível, não é? Mas também preocupante.

O paradoxo da produtividade

Essa hiperconectividade nos permite trabalhar constantemente, mesmo em trânsito. A IA nos ajuda a ser mais produtivos, mas será que não está piorando nossa tendência de estarmos sempre com pressa? Quando perguntei ao ChatGPT sobre isso, ele sugeriu estabelecer pausas programadas. Uma ideia sensata, mas que levanta a questão: precisamos de uma IA para nos lembrar de descansar?

Quando a IA tenta ser engraçada

Curiosamente, quando tentei usar o ChatGPT para relaxar, pedindo histórias engraçadas e piadas, percebi suas limitações. As tentativas de humor da IA foram, no mínimo, desajeitadas. Isso me lembrou de uma pesquisa recente sobre o uso de IA na comédia.

A ciência por trás do riso (ou da falta dele)

Um estudo revelou que, embora os comediantes gostem de usar IA para escrever piadas, eles não se orgulham do material gerado (WILLIAMS, 2024). Um participante descreveu o resultado como "material de comédia de navio de cruzeiro da década de 1950, mas um pouco menos racista".

O que as piadas ruins nos ensinam sobre IA

Essas limitações na geração de humor revelam algo profundo sobre a IA. Ela pode processar informações e criar conteúdo com incrível eficiência, mas ainda luta com nuances culturais, *timing* cômico e o imprevisível toque humano que faz uma piada realmente funcionar.

O futuro da interação humano-IA

Isso nos leva a uma reflexão maior sobre o futuro da interação humano-IA. Enquanto a IA continua a surpreender com suas capacidades em várias áreas, ela também nos mostra, através de suas limitações, o valor insubstituível da criatividade e da intuição humana.

Encontrando o equilíbrio na era da IA

À medida que navegamos neste novo mundo impulsionado pela IA, devemos buscar um equilíbrio. Podemos aproveitar a eficiência e produtividade que a IA oferece, mas não podemos esquecer de reservar tempo para o descanso, a criatividade e, sim, até mesmo para rir de piadas ruins - sejam elas geradas por humanos ou por máquinas.

A verdadeira inteligência

Talvez a verdadeira inteligência esteja em saber quando desligar o ChatGPT e simplesmente apreciar o silêncio de um voo noturno, mesmo com toda a turbulência que a vida (e a tecnologia) possa trazer.

Olá, caros leitores! Preparem-se para uma jornada musical de tirar o fôlego, onde os Beatles *ressuscitam graças à IA,* Charlie Brown Jr. *faz dueto com a* Supercombo *e até mesmo o* Grammy *está em polvorosa!* Neste *capítulo, exploro como a inteligência artificial está transformando a indústria musical, desde reviver lendas até prever hits com precisão de fazer inveja a videntes.* Abordo *também os perigos das deepfakes musicais (cuidado,* Anitta!) *e a grande questão: será que as máquinas conseguirão um dia tocar nossos corações como* Lennon *e* McCartney? *Embarquem nessa viagem sonora onde o futuro da música se mistura com algoritmos e se perguntem se seu próximo artista* favorito *será de carne e osso ou de silício e* códigos.

20. Prepare-se para um futuro no qual seu artista favorito pode ser uma máquina

A música "final" dos Beatles, que será apresentada ao mundo graças ao poder da inteligência artificial, é só mais um capítulo de um futuro no qual humanos não serão os únicos responsáveis pela criatividade.

Há alguns dias, Paul McCartney revelou em uma entrevista à BBC Radio 4 que usou a inteligência artificial (IA) para criar o que ele chama de "a última música dos Beatles". A tecnologia foi usada para extrair a voz de John Lennon de uma antiga demo, permitindo que McCartney completasse a canção (CARVALHO, 2023).

A música em questão é "Now And Then", uma composição de Lennon de 1978. Esta não é a primeira vez que "Now And Then" esteve perto de ser lançada. Em 1995, durante a produção da série *Anthology*, os Beatles consideraram essa música como uma possível "canção de reunião".

A nova oportunidade surgiu com o documentário *Get Back*, de Peter Jackson, onde o editor de diálogos Emile de la Rey treinou computadores para reconhecer as vozes dos Beatles e separá-las de ruídos de fundo e até mesmo de seus próprios instrumentos. Usando a IA, eles conseguiram isolar a voz de Lennon de uma fita cassete de baixa qualidade e, em seguida, mixar a música como de costume.

Outros exemplos de IA na música

Os Beatles não são os únicos a reviverem através da IA. Charlie Brown Junior é outro exemplo. O saudoso Chorão, graças ao uso da inteligência artificial, cantou uma música muito famosa da banda Supercombo, chamada "Piloto Automático" (TEIXEIRA, 2023).

O contraponto: *deepfake* musical

Por mais que a IA venha trazendo muitos artistas queridos de volta com músicas inéditas, as *deepfakes* musicais também existem. A cantora Anitta, por exemplo, foi vítima de uma suposta entrevista gerada por IA, que ela teve que desmentir publicamente (MORAES, 2023).

O Grammy Awards também reagiu a essa tendência, proibindo recentemente em suas premiações músicas criadas exclusivamente por IA. A decisão foi tomada em meio a debates sobre a ética envolvendo a interação entre criatividade e IA (GRAMMY, 2023).

O futuro da música e IA

Pesquisadores já avaliam a possibilidade da neurofisiologia e o *machine learning* preverem quais músicas farão sucesso, com uma precisão de 97% (MERRITT; GAFFURI; ZAK, 2023). O resultado demonstra que seria possível aplicar dados neurais a uma IA para aumentar substancialmente as chances de prever se um produto será bem recebido pelo mercado alvo.

Cabe agora à indústria musical e aos demais artistas entenderem e respeitarem essa tecnologia e usá-la da melhor forma possível. A grande questão que permanece é: será que a IA, em um futuro próximo, será capaz de replicar a emoção e a autenticidade de uma performance humana?

Ah, a saga da Apple na era da IA! Imaginem só: saímos dos duelos épicos entre o nerd Gates e o guru Jobs para uma dança cautelosa de Tim Cook com a IA. A Apple, outrora rebelde cool, agora parece um adolescente indeciso em uma festa tecnológica. Com o Vision Pro, Cook tenta nos convencer que múltiplas interfaces são o novo preto, enquanto Jobs deve estar se revirando no túmulo, gritando "simplicidade!". E lá vai a Apple, de mãos dadas com a OpenAI, tentando não ficar para trás na corrida da IA. A grande questão é: conseguirá a empresa do pomo mordido simplificar o complexo mundo da IA ou ficará mastigando bytes sem engolir a inovação?

21. A Apple e a corrida pela IA: do duelo épico à cautela estratégica

A mudança no mercado de tecnologia deixou uma marca, mas há quem sinta falta da rivalidade dos anos 90 e início dos 2000 entre Apple e Microsoft. Naquela época, o embate tinha rostos e personalidades fortes: Bill Gates, o nerd pragmático da Microsoft, e Steve Jobs, o visionário de poucas concessões da Apple.

As empresas se enfrentavam em comerciais que não só vendiam produtos como promoviam uma filosofia de vida. A Apple construiu sua imagem de "rebelde *cool*" em contraste ao *establishment* corporativo da Microsoft, criando uma identidade quase antagônica à "solidez" da concorrente.

Hoje, no entanto, essa dinâmica mudou drasticamente. Sob a gestão de Tim Cook e Satya Nadella, Apple e Microsoft tornaram-se gigantes mais cautelosos e estratégicos, onde a inovação se move em um ritmo calculado. As disputas pessoais e declarações públicas foram substituídas por um jogo corporativo de xadrez, focado em crescimento e parcerias.

Apple e Microsoft no mercado de IA

Ainda assim, há desafios que as gigantes enfrentam ao tentar se adequar à nova onda da IA. Cook lançou recentemente o Vision Pro, óculos de realidade aumentada que busca posicionar a Apple na computação espacial, embora a recepção do mercado tenha sido mista.

Enquanto Jobs, com o iPhone, transformou a computação móvel ao criar uma interface intuitiva e única, Cook parece buscar um caminho com múltiplas opções e interfaces. Essa estratégia de "personalização" contrasta com a simplicidade radical, marca registrada da Apple, que, com Jobs, buscava eliminar, e não multiplicar, a complexidade.

Para se manter relevante no campo da inteligência artificial, a Apple aposta em uma parceria com a OpenAI, visando uma solução temporária até que consiga desenvolver uma tecnologia própria. A ideia é fortalecer o ecossistema da Apple com o uso de IA local, mas essa abordagem mais segura pode indicar, para muitos, que a empresa está hesitante quanto ao futuro dessa tecnologia.

A Apple conseguirá simplificar o complexo na era da IA?

Ao entrar em um campo onde o desenvolvimento contínuo é essencial, a Apple enfrenta uma nova geração de empresas que dita as regras, desenvolvendo soluções inovadoras em um ritmo que grandes corporações têm dificuldade de acompanhar.

A expectativa é que a Apple traga uma IA que capture a "magia" pela qual ficou conhecida, mas a abordagem cautelosa adotada até o momento levanta uma questão importante: a empresa está realmente "pensando diferente" o suficiente para liderar o mercado de IA?

No final, a tecnologia que fisga o público é aquela que parece mágica e intuitiva, atributos que a Apple sempre promoveu. No entanto, o atual cenário de parceria e terceirização pode diluir a essência de inovação pura, da qual a Apple foi pioneira e que agora precisa, mais do que nunca, revitalizar.

Olá, caros leitores! Preparem-se para uma viagem turbulenta pelo mundo da IA, *onde as empresas estão se equilibrando em uma corda bamba entre inovação e responsabilidade. Imaginem um cenário onde máquinas aprendem mais rápido que nós (não se preocupem, elas ainda não sabem fazer café decente).* As *empresas estão mergulhando de cabeça nesse oceano de dados, surfando nas ondas da personalização e da eficiência.* Mas cuidado! Há *tubarões à espreita: vazamentos de dados, algoritmos tendenciosos e a temida "dependência tecnológica"* (sim, *é como um vício em smartphones, só que pior).* Para *navegar com segurança, as organizações precisam de um mapa do tesouro chamado "governança de dados" e um escudo mágico de "segurança cibernética".* No *final, quem não embarcar nessa jornada pode ficar para trás, como um dinossauro digital.* Então, *meus caros, é hora de abraçar a mudança – mas, por favor, não se esqueçam de pedir permissão antes de abraçar os dados dos clientes!*

22. Coragem para mudar

As marcas devem aproveitar o poder da IA para educar seus clientes.

A inteligência artificial (IA) está transformando a maneira como as empresas se relacionam com seus clientes. Com a capacidade de analisar grandes volumes de dados e gerar *insights* valiosos, ela pode ajudar as organizações a personalizar a experiência, otimizar processos e tomar decisões mais objetivas. No entanto, integrá-la aos dados dos clientes também oferece desafios e riscos que precisam ser cuidadosamente considerados.

A evolução da automação e da IA

A automação de processos não é um conceito novo. Desde a Revolução Industrial as máquinas têm sido utilizadas para substituir o trabalho manual e aumentar a eficiência. No entanto, com o advento da IA, a automação atingiu um novo patamar.

Nas últimas décadas, a capacidade de processamento e de armazenamento de dados cresceu exponencialmente, impulsionando o desenvolvimento de algoritmos cada vez mais sofisticados. Essa tendência de automação tem se acelerado nos últimos anos, com a adoção de tecnologias como *machine learning*, *deep learning* e processamento de linguagem natural. Essas ferramentas permitem que as empresas analisem grandes volumes de dados não estruturados, como texto, imagens e vídeos, extraindo informações importantes sobre o comportamento e as preferências dos clientes.

Benefícios e oportunidades

A integração da IA aos dados dos clientes traz uma série de benefícios e oportunidades para as empresas. A personalização da experiência do cliente é um dos principais pontos positivos, permitindo recomendações personalizadas, conteúdo relevante e atendimento individualizado com base no histórico de interações e preferências de cada cliente.

Além disso, a IA pode otimizar processos, automatizando tarefas repetitivas e análises complexas, liberando as equipes para se concentrarem em atividades mais estratégicas e de maior valor agregado. A tomada de decisões também é aprimorada, uma vez que a IA é capaz de identificar padrões e tendências nos dados dos clientes, ajudando a definir estratégias e alocação de recursos.

Riscos e desafios

No entanto, o uso de IA para dados de clientes também apresenta riscos e desafios que não podem ser ignorados. A privacidade e a segurança dos dados são preocupações fundamentais, já que o uso inadequado ou o vazamento de informações confidenciais podem resultar em danos à reputação da empresa e em sanções legais.

Outro ponto de atenção é o viés algorítmico, que pode ocorrer quando os dados utilizados para treinar os modelos de IA são enviesados, levando a decisões tendenciosas e discriminatórias. Além disso, as empresas precisam estar preparadas para lidar com a dependência excessiva da tecnologia, garantindo a continuidade dos negócios em caso de falhas ou interrupções nos sistemas de IA.

Estratégias para uma implementação responsável

Para mitigar esses riscos e garantir uma implementação responsável da IA, as empresas devem adotar estratégias bem definidas. O estabelecimento de políticas de governança de dados é fundamental, com diretrizes claras para coleta, armazenamento, uso e compartilhamento dos dados dos clientes, sempre em conformidade com as regulamentações de privacidade.

Investir em segurança cibernética também é essencial para proteger os dados contra acessos não autorizados, vazamentos e ataques. A transparência e o consentimento dos clientes devem ser prioridades, informando-os sobre como seus dados serão utilizados pela IA e obtendo seu consentimento explícito.

Além disso, recomenda-se monitorar e auditar regularmente os sistemas de IA para identificar e corrigir possíveis vieses, garantindo a conformidade com as políticas de governança de dados e as melhores práticas do setor.

Um ponto de inflexão para todas as indústrias

Através de experiências com diversas indústrias, como moda, óleo e gás, seguros, investimentos e jurídico, observa-se que todas estão em um ponto de inflexão quando se trata de adotar a IA. Iniciativas pioneiras de letramento em IA são fundamentais para nivelar o conhecimento das organizações sobre o tema e capacitá-las a aproveitar todo o potencial dessa tecnologia.

Conclusão

A integração da IA aos dados dos clientes ainda é um diferencial competitivo para as empresas, permitindo a elas que se destaquem em seu mercado. No entanto, à medida que a adoção da IA se tornar mais ampla, essa vantagem competitiva se transformará em uma questão de sobrevivência. As empresas que não abraçarem a IA correm o risco de ficar para trás em um cenário cada vez mais digital e orientado por dados.

Portanto, é fundamental que as organizações tenham coragem de mudar a forma como trabalham, adaptando-se às novas tecnologias e aproveitando todo o potencial da IA. Ao mesmo tempo, essa transformação deve ser conduzida de maneira responsável e ética, sempre priorizando a privacidade, a segurança e o bem-estar dos clientes.

Bem, caros leitores, embarquei numa jornada épica desde os primórdios da humanidade até os dias atuais da IA, e posso dizer que estamos todos no mesmo barco – ou melhor, no mesmo osso! Desde que nosso ancestral peludo descobriu que podia usar um fêmur como ferramenta multifuncional, temos buscado incansavelmente maneiras de fazer mais gastando menos energia. É como se a história da tecnologia fosse uma grande maratona de preguiçosos geniais! Do telégrafo que aposentou os navios-correio à IA que multiplica atendimentos sem precisar clonar funcionários, o objetivo sempre foi o mesmo: causar o maior rebuliço possível com o mínimo de suor. E eis que chegamos ao ápice dessa saga com a IA, a ferramenta suprema para empresas que querem maximizar impacto enquanto seus funcionários maximizam cafezinhos. Mas atenção, não se trata de substituir humanos, e sim de liberar seus potenciais para tarefas menos robóticas – afinal, alguém precisa ensinar as máquinas a serem eficientes, não é mesmo?

23. Da pedra lascada à IA: a eterna busca pela eficiência

A tecnologia evolui, mas o objetivo permanece o mesmo: amplificar as capacidades humanas e gerar o maior impacto possível com menos esforço.

A gênese da tecnologia

A cena icônica do filme 2001: *Uma Odisseia no Espaço*, onde um macaco primitivo descobre que um osso pode ser utilizado como ferramenta, captura a essência da tecnologia: usar inteligência para amplificar forças. Ao usá-lo para quebrar outros ossos ou como arma, o primata percebe que está economizando energia e potencializando sua capacidade de ação.

A evolução do impacto

Essa lógica se manteve ao longo dos séculos. A evolução industrial, urbana e tecnológica teve um propósito em comum: reduzir a energia necessária para realizar tarefas que antes demandavam grande esforço físico e, ao mesmo tempo, aumentar seu impacto.

A revolução das comunicações

No contexto das comunicações, o telégrafo foi uma das primeiras grandes inovações. Antes dele, enviar uma mensagem de Lisboa ao Rio de Janeiro exigia navios, tripulações e meses de viagem. O telégrafo reduziu drasticamente a energia exigida, eliminando a necessidade de deslocamentos físicos. O impacto foi revolucionário: a mesma informação podia influenciar decisões e eventos quase instantaneamente.

A era digital e a IA

Hoje, com a internet e a inteligência artificial (IA), essa evolução atingiu novos patamares. A IA está redefinindo a eficiência nos negócios, sempre buscando causar mais impacto em menos tempo. Por exemplo, assistentes artificiais podem multiplicar a capacidade de atendimento ao cliente, enquanto a IA aplicada à produção de conteúdo pode aumentar significativamente a produtividade mantendo a qualidade.

O segredo do sucesso em IA

O segredo do sucesso do investimento em IA está em mapear os problemas da empresa e entender quais deles podem ser resolvidos para causar mais impacto. O foco deve sempre estar em maximizar o impacto enquanto se otimiza o uso de recursos. Importante ressaltar que otimizar não significa reduzir time ou demitir pessoas, mas alocá-las de forma eficiente para tarefas não robóticas.

Um *framework* para o futuro

Para guiar as empresas nessa jornada, é útil um *framework* que ajude a responder a questões cruciais:

- Qual problema específico a IA vai resolver?
- Como isso aumentará nosso impacto?
- Quem vai usar a IA e como?
- Que dados alimentarão o modelo?
- Como mediremos o sucesso da implementação?

O futuro é IA, mas o princípio é ancestral

Da pedra lascada aos algoritmos de *machine learning*, o objetivo sempre foi o mesmo: amplificar nossas capacidades e fazer mais. As empresas que compreenderem esse princípio e souberem investir em IA com propósito e foco na resolução de problemas reais serão as vencedoras na nova economia digital.

A tecnologia evolui, mas o princípio permanece o mesmo: usar nossa inteligência – agora amplificada pela IA – para gerar o maior impacto possível. Esse é o legado que nos conecta ao macaco primitivo e que continuará a guiar nossa evolução.

O fim da criatividade? Talvez não, mas que a IA está dando um baita susto nos artistas, isso está. Imagine pedir por uma "cidade brasileira à la Miyazaki" e receber uma obra digna de A Viagem de Chihiro em segundos. Pois é, foi o que aconteceu. O problema? O próprio Miyazaki odeia IA e a considera um insulto à vida humana – ironia das boas: estamos celebrando a estética de quem abomina o meio. Este capítulo reacendeu o bom e velho debate: copiar estilo é homenagem ou é trapaça? Legalmente, ainda é uma zona cinzenta. Ética, então, nem se fala. O fato é que no dia a dia das empresas, ninguém quer saber muito disso – querem velocidade, eficiência e um feed bonito. Mas e os direitos dos criadores cujas obras alimentam os robôs? E a alma da arte? No Brasil, enquanto agências e estúdios já brincam de "promptar" campanhas inteiras, só 20% das empresas dizem estar preparadas para usar IA criativamente. E vem mais por aí: regulamentações, royalties, transparência... o cerco vai apertar. Conclusão? Use a IA, sim, mas com juízo. Treine seu time, respeite os criadores e, por favor, não transforme arte em fast food visual. Afinal, até a IA mais esperta ainda precisa da nossa imaginação para não virar só um grande copiador de luxo.

24. O fim da criatividade[2]

IA da OpenAI replica traço de Miyazaki e outros artistas e reacende debate sobre ética da autoria

Recentemente, coloquei as mãos no mais novo modelo de geração de imagens da OpenAI. Assim que bati o olho nos primeiros resultados, fiquei surpreso com o realismo e a precisão do estilo visual – seja retrô futurista, seja no formato de filme antigo, ou, para meu espanto, no traço suave e hipnótico característico dos clássicos do Studio Ghibli.

Minha primeira reação foi genuíno deslumbre. Uma simples descrição do tipo “cidade brasileira à la Miyazaki, com ruas coloridas e nuvens oníricas” bastou para o sistema produzir algo que parecia ter saído direto de A *Viagem de Chihiro*. No entanto, não demorou muito para eu me lembrar da famosa declaração do próprio Hayao Miyazaki: ele não apenas não aprova a IA, como a considera um insulto à vida humana. Uma ironia quase inevitável: estamos homenageando e popularizando o estilo de um artista que claramente discorda desse uso tecnológico.

Criatividade sob julgamento

Essa experiência me levou a refletir sobre propriedade intelectual. Copiar o “estilo Ghibli” seria ético ou mesmo legal? Em tese, estilos não são protegidos por copyright. E muitos defendem que essas ferramentas

---

[2] Este é um trecho de artigo originalmente publicado em Exame.com. Leia a matéria completa em: <https://exame.com/inteligencia-artificial/o-fim-da-criatividade>.

agem como "assistentes" na hora de criar. Mas também compreendo a frustração de quem vê seu trabalho ser replicado por algoritmos treinados em bancos de dados gigantescos, sem crédito ou permissão.

Ainda assim, no dia a dia das empresas, a qualidade e a velocidade dessas criações abrem oportunidades inegáveis. Em poucos cliques, uma equipe de marketing pode gerar dezenas de layouts para uma campanha, ou um estúdio de animação pode esboçar *storyboards* inteiros sem precisar desenhar cada cena. É uma mudança de paradigma que, apesar de polêmica, veio para ficar.

O impacto no Brasil

No contexto brasileiro, os benefícios e riscos se misturam. Por um lado, temos estúdios de publicidade, produtoras e agências que vêm encontrando na IA um atalho para prototipar ideias. Por outro, uma pesquisa publicada pela Exame indicou que pouco mais de 20% das empresas se sentem realmente preparadas para lidar com ferramentas de IA no setor criativo. Muitos executivos ainda encaram a tecnologia com desconfiança ou falta de clareza sobre regulamentações.

Enquanto isso, o debate legal não para de crescer. Países como Estados Unidos e membros da União Europeia já discutem regras para exigir transparência e remunerar criadores cujos trabalhos alimentem modelos de IA. No Brasil, projetos de lei sobre o tema incluem possibilidades de pagamento de *royalties* e limites de uso de conteúdo protegido. A tendência é que surjam normas mais rígidas, sobretudo no que diz respeito a plágio, uso indevido de imagem e desinformação.

Minha recomendação

Como Diretor de Inteligência Artificial, minha sugestão é simples: abrace a inovação, mas com responsabilidade. Se a sua empresa pretende utilizar IA para criar conteúdo, estabeleça diretrizes claras – desde o crédito a artistas até o uso de bases de dados livres de restrições. É igualmente essencial preparar equipes criativas, oferecendo treinamentos e oportunidades para aprender a dialogar com a ferramenta (afinal, bons *prompts* geram resultados superiores).

Precisamos encontrar um equilíbrio entre a empolgação que vem de gerar imagens em segundos e a cautela necessária para não atropelar direitos e valores de quem, como Miyazaki, enxerga nessa revolução um risco à essência da arte. No fundo, o objetivo é evoluir sem perder a sensibilidade humana – algo que, pelo menos por enquanto, só a imaginação real consegue capturar na sua totalidade.

O autor que vos escreve, em sua versão de *Os Simpsons*

Por mais que a IA desenhe cenas de tirar o fôlego, ainda cabe ao olho humano dar direcionamento, propósito e significado a essas criações. A nova tecnologia da OpenAI é, sem dúvida, um divisor de águas. Minha experiência pessoal – vendo fotos, cenários e personagens que pareceriam impossíveis de surgir automaticamente – mostra que estamos numa era de transformações profundas. Agora, resta às lideranças empresariais decidirem como usar esse poder: apoiar a criatividade humana ou simplesmente substituí-la? Acredito firmemente que a melhor resposta seja uma parceria, não uma troca.

Conclusão

Caro leitor, cara leitora,

Chegamos ao fim desta jornada pela inteligência artificial, mas nossa conversa está longe de terminar. Desde aquele primeiro artigo sobre a metamorfose de Zuckerberg até nossas reflexões sobre o futuro da música com IA, passando pela história inspiradora do Seu João e seu restaurante, compartilhamos muitas descobertas e questionamentos.

Como disse no início, meu filho continua me surpreendendo com novas formas de usar a IA, e meus mais de 10 mil alunos seguem me ensinando tanto quanto eu os ensino. A tecnologia evolui em um ritmo alucinante - enquanto você lia este livro, provavelmente surgiram várias novidades que merecem nossa atenção.

Por isso, convido você a continuar essa conversa comigo nas redes sociais. No YouTube, compartilho análises aprofundadas sobre as últimas novidades em IA. No Instagram e TikTok, trago dicas práticas e reflexões do dia a dia sobre tecnologia. No X (antigo Twitter), mantenho vocês atualizados em tempo real sobre as transformações nesse campo que tanto nos fascina.

Basta procurar **@inventormiguel** em qualquer rede social de sua preferência. Vamos juntos continuar explorando como a IA está remodelando nosso mundo, das ruas de São José dos Campos aos corredores do Vale do Silício.

Afinal, como aprendemos juntos neste livro, o futuro não espera - ele acontece todos os dias, em cada inovação, em cada descoberta, em cada história que compartilhamos, *belesma*?

Até breve!

Miguel Lannes Fernandes

Referências

AMS. **Talent Acquisition at a Crossroads.** Talent Climate Series Report. 2024. Disponível em: <https://www.weareams.com/whitepapers/talent-acquisition-at-a-crossroads/#>. Acesso em: 21 jan. 2025.

ANVERSA, L. Meta interrompe uso de recursos de IA generativa no Brasil; saiba o motivo. **Exame**, 18 jul. 2024. Disponível em: <https://exame.com/inteligencia-artificial/meta-interrompe-uso-de-recursos-de-ia-generativa-no-brasil-saiba-o-motivo/>. Acesso em: 22 jan. 2025.

CARVALHO, B. "Música final" dos Beatles foi feita com IA e será lançada em 2023, diz Paul McCartney. **CNN Brasil**, 13 jun. 2023. Disponível em: <https://www.cnnbrasil.com.br/entretenimento/musica-final-dos-beatles-foi-feita-com-ia-e-sera-lancada-em-2023-diz-paul-mccartney>. Acesso em: 21 jan. 2025.

CHEN, L.; ZAHARIA, M.; ZOU, J. How is ChatGPT's behavior changing over time? **arXiv:2307.09009**, Oct. 2023. Disponível em: <https://arxiv.org/pdf/2307.09009>. Acesso em: 22 jan. 2025.

GRAMMY proíbe músicas feitas apenas por inteligência artificial. **Forbes Tech; Reuters**, 17 jun. 2023. Disponível em: <https://forbes.com.br/forbes-tech/2023/06/grammy-proibe-musicas-feitas-apenas-por-inteligencia-artificial/>. Acesso em: 22 jan. 2025.

IBM. **Turning data into value:** how top Chief Data Officers deliver outsize results while spending less. (Global C-suite Series). 27.ed. The CDO Study. Mar. 20 2023. Disponível em: <https://www.ibm.com/downloads/documents/us-en/10a99803fcafdd3f>. Acesso em: 21 jan. 2025.

LOPES, A. Gastos dos brasileiros com inteligência artificial cresceram 120% nos cinco primeiros meses de 2023. **Exame**, 26 jun. 2023. Disponível em: <https://exame.com/inteligencia-artificial/transacoes-com-inteligencia-artificial-120/>. Acesso em: 21 jan. 2025.

MCHUGH, B. 2024: Gartner's IA Automation Trends Revisited. **ActiveBatch**, May 01, 2024. Disponível em: <https://www.advsyscon.com/blog/gartner-it-automation/>. Acesso em: 28 fev. 2025.

MERRITT, S. H.; GAFFURI, K.; ZAK, P. J. Accurately predicting hit songs using neurophysiology and machine learning. **Front. Artif. Intell.**, vol. 6, June 19, 2023. Disponível em: <https://doi.org/10.3389/frai.2023.1154663>. Acesso em: 22 jan. 2025.

MICROSOFT. AI Data Drop: The 11-by-11 Tipping Point. **Microsoft WorkLab**, Sep. 2023. Disponível em: <https://www.microsoft.com/en-us/worklab/ai-data-drop-the-11-by-11-tipping-point?culture=pt-pt&country=pt>. Acesso em: 21 jan. 2025.

MORAES, L. Anitta é vítima de fake news e alerta: "usaram inteligência artificial". **Popline**, 13 abr. 2023. Disponível em: <https://portalpopline.com.br/anitta-fake-news-inteligencia-artificial/>. Acesso em: 22 jan. 2025.

PWC. **CEO Survey:** prosperando na era da reinvenção contínua. 2024. Disponível em: <https://www.pwc.com.br/pt/estudos/preocupacoes-ceos/ceo-survey/2024/27_CEO_SURVEY.pdf>. Acesso em: 22 jan. 2025.

TEIXEIRA, R. Encontro de gerações: Chorão canta hit do Supercombo em versão gerada por IA. **TMDQA!**, 14 jun. 2023. Disponível em: <https://www.tenhomaisdiscosqueamigos.com/2023/06/14/chorao-supercombo-versao-ia/>. Acesso em: 22 jan. 2025.

TORTOISE. **The Global AI Index.** 2024. Disponível em: <https://www.tortoisemedia.com/intelligence/global-ai>. Acesso em: 22 jan. 2025.

VAROUFAKIS, Y. **Tecnofeudalismo:** el sigiloso sucesor del capitalismo. Barcelona: Deusto, 2024.

WALDERSEE, V. Tesla laying off more than 10% of staff globally as sales fall. **Reuters**, Apr. 15, 2024. Disponível em: <https://finance.yahoo.com/news/tesla-lay-off-more-10-094817820.html>. Acesso em: 22 jan. 2025.

WILLIAMS, R. What happened when 20 comedians got AI to write their routines. **MIT Technology Review**, June 17, 2024. Disponível em: <https://www.technologyreview.com/2024/06/17/1093740/what-happened-when-20-comedians-got-ai-to-write-their-routines/>. Acesso em: 21 jan. 2025.

Sobre a Brasport

Há 30 anos, a Brasport é referência em publicações de tecnologia, gestão e carreira.

Nosso catálogo, disponível em **www.editorabrasport.com.br**, é composto por obras que você encontra tanto em livrarias físicas, como na Amazon e em eventos especializados.

Além disso, nossas publicações estão acessíveis em uma plataforma digital que alcança 4 milhões de assinantes, distribuídos em 900 universidades e empresas.

Quer se unir a essa trajetória de sucesso? Entre em contato conosco pelo e-mail: **administrativo@brasport.com.br**